# きゃわチョゴリ
軽やかにまとう自由

そんい・じゅごん
著

早瀬道生
写真

# はじめに

5歳の頃の写真。
当時私は三重県の朝鮮学校付属幼稚園に通っていた。写真は年長組の時の運動会の様子だ。真っ赤なチマチョゴリで농악(ノンアッ)(農楽)を踊る私。

この頃私はチョゴリを着ることが大好きだった。
幼稚園には「名節」やその他の行事があるとチョゴリで登園することがあった。
私はチョゴリで幼稚園に行くのが好きだった。裾がひらひらしていてお外遊びには向かなかったけれど、お姫様になったみたいな気分でうきうきした。
行事のない日にもチョゴリを着ようとして母親を困らせた。

それから月日が経ち、中学生になった。
私はチョゴリが嫌いになった。
チョゴリを着ることでたくさん傷ついた。
その傷を抱えたまま、私は大人になった。
大人になったらますますチョゴリを遠ざけるようになった。

それから。
たくさんの人と出会い、いろんなことを経験した。
泣いたり笑ったり、悩んだり進んだりを繰り返した。

そして今。
また5歳の頃のように「なんでもない日」にチョゴリを着たいと思う私がいる。
着たいときに着たいものを自由に着たい。
今の私と写真の女の子は、同じ人物なのだ。

この本は、チョゴリを着ること、着ないこと——その自由を求めてあがき続けた日々の記録だ。

目　次

はじめに　25

第1章　私とチョゴリ ……………………………………… 29

第2章　「チマチョゴリ・イメージアップ運動」 ……… 34

第3章　きゃわチョゴリ隊 ……………………………… 44

第4章　「そんいチョゴリ」の誕生 …………………… 52

第5章　梅雨の晴れ間のランウェイ …………………… 59

第6章　四者四様の「チョゴリを着ること」 ………… 69

第7章　きゃわチョゴリを着て、明日へ …………… 79

あとがき　91

タイムマシンが欲しい。タイムマシンがあれば今すぐ 선생님（先生）を助けに行くのに。

しんと静まり返った教室で１人の生徒がぽそりと呟いた。
私の中学生の頃の体験を話して聞かせた後で。

# 第1章　私とチョゴリ

　10代の頃、私はチョゴリが嫌いだった。
　暑苦しくて動きにくくて地味で古臭い服は、少女だった私の自由をいくつも奪っていたからだ。

　「チョゴリ」とは、朝鮮半島固有の民族衣装の1つだ。
　韓国では韓服(ハンボク)、朝鮮では朝鮮옷(チョソノッ)と呼ばれる。その民族衣装の上衣のことを「저고리(チョゴリ)」と言う。
　チョゴリの構造は、
「길(キル)（身頃）」
「소매(ソメ)（袖）」
「깃(キッ)（衿）」
「섶(ソプ)（おくみ）」
「동정(トンジョン)（半衿）」
「고름(コルム)（結び紐）」
などで構成される。
　衿の合わせ方は「右前」で日本の着物と同じだ。
　女性はチョゴリの下に「치마(チマ)」というスカート型の下衣を着る。男性はズボン型の下衣「바지(パジ)」を着る。ここから女性の韓服は「치마저고리(チマチョゴリ)」、男性のものは「바지저고리(パジチョゴリ)」とも呼ばれる。
　その他にもコート状のものを「두루마기(トゥルマギ)」、チョッキ型のものは「배자(ペジャ)」、1枚仕立ての薄いも

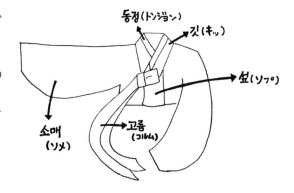

のは「적삼(チョクサム)」……と、アイテムにより名前が違う。
　私は韓服全般の総称として「チョゴリ」という言葉を使うことが多い。

　日本で着物を日常的に着る人が多くないように、韓国や朝鮮でもチョゴリを普段着にする人は少ない。今では本場でもチョゴリは冠婚葬祭の衣装の1つとして着る程度が一般的なようだ。
　これは日本に住む在日コリアンにとっても同じことだ。在日の方がチョゴリを着ることは少ないのかもしれない。意識的に機会を作らない限りは。

029

でも実は、今でも毎日チョゴリを着る在日コリアンたちがいる。
日本各地に点在する朝鮮学校の女子生徒たちと、女性教師たちだ。

日本の人でも、朝鮮学校生たちのチマチョゴリ制服を知る人は多いだろう。
冬は全身黒や紺のチマチョゴリ。
夏には白いチョゴリと紺色のチマ。
円くカーブした袖と胸元から垂れる長いコルム、真っ白いトンジョンとプリーツの整ったチマ。
これらは、1960年代ごろから全国の朝鮮学校の中級部・高級部（中学・高校）また朝鮮大学校の女子学生たちの制服として使われてきた。
端正で清潔なその姿は多くの人の目を引いた。
街中や駅のホーム、電車やバスの中で見かけたチマチョゴリ制服を、「可愛かった」「きれいだった」と語る人は多い。
だが、50年近く経った今でもほとんどデザインを変えることなく使われているその制服を現在では街中で見かけることがほとんど無くなった。
1990年代末頃を始めに、チマチョゴリ制服は少しずつ街角から姿を消していった。
現在多くの朝鮮学校女子生徒は通学時にブレザー制服を着て学校に通っている。
彼女たちは校内でチマチョゴリ制服に着替え、日中は授業を受ける。そして下校時にはまたブレザーに着替えて下校する。
この施策は学校ごとに差もあり、中には校内でもチマチョゴリ制服をほとんど利用しない学校もある。

なぜそんな面倒なことをするのか。
その理由にもつながる私の話を、少し書いておこうと思う。

私は幼稚園から大学までの17年間を朝鮮学校の中で過ごした。そのうち８年間（中級から大学卒業まで）はほとんど毎日チマチョゴリを着て過ごした。

幼稚園児の私にとって、チマチョゴリ制服は憧

「第１制服」のチマチョゴリ
← 校内での服装

れだった。

私は朝鮮初中級学校に併設の幼稚園に通っていたので、中学生の언니（お姉さん）たちの黒や紺のチマチョゴリ姿を身近に見て育った。幼心に私もあのチマチョゴリを早く着たいと思っていた。

　中級部に上がるときにはあこがれのチマチョゴリ制服を誂えてもらった。

真新しい紺色のチマチョゴリ制服を着て、朝鮮学校のシンボルマークである３ペンマークのついた青い通学バッグを担いで、片道40分ほどの距離を電車通学するようになった。

　チマチョゴリ制服は憧れとは違い、たいへん不便な服だった。

　チマのプリーツはよれやすく、長いコルムは邪魔くさかった。そのうえ夏は暑い、冬は寒い、で衣服としては不便極まりない。

　それでも、コルムを揺らしながら友達と並んで歩く学校までの道は、楽しいものだった。

　中級部２年の初夏の頃だった。

　いつもどおり部活を終えての帰り道。

　１人で電車に乗っていた時のことだった。

　電車が１つ目か２つ目の駅を発車した直後。

　突然、見知らぬ男性が私に殴りかかってきた。

　頬っぺたを思い切りぶたれて、一瞬何が起こったか分からなくなった。

　声も出せなかった。

　その男性は

「ちょうせんじん！　はやくきたちょうせんにかえれ！」

と、言った。

　怖くなった私はとっさに次の停車駅で電車を降りてトイレに駆け込んだ。

　何がどうなったのか訳もわからなかったけれど、殴られた理由だけはわかった。

　チマチョゴリだ。

「朝鮮人！　早く北朝鮮に帰れ！」

　その言葉がこだまするように頭の中に響いていた。

　私は持っていた体操服に着替えて、次の電車に乗って家に帰った。

　帰宅して両親にこのことを告げた時の、２人の青ざめた顔が今も忘れられない。

　父親は警察に通報して犯人を捜すと言い、母親は騒がないほうがいいと言った。妹たちはその様子を黙って見ていた。私はなぜだか自分を責めていた。

（チョゴリなんか着ていたばっかりに）と。

　翌日にはクラス担任に呼ばれて事情を訊かれたが、まともに答えられなかった。

　それからしばらく私は電車に乗れなかった。制服を着ることも出来なかった。

　怖かったからだ。

その後私は自転車通学をするようになり、通学時は体操服や部活用のジャージを着るようになった。

本来は制服を着ないことは校則違反だったが、担任はこのことを黙認していてくれた。

あの当時は、時折全校生徒に「体操服での通学」と「集団登下校」が義務付けられる事があった。特に女子生徒は1人にならないようにと注意された。

「時折」のタイミングは朝鮮半島情勢により、いつも突然訪れた。

朝日関係の悪化、朝鮮半島での戦争危機、核開発問題……。

そんな時、チマチョゴリ制服は恰好の「標的」となっていた。

暴言。暴行。そしてチョゴリを切り刻まれることもあった。

その度、チマチョゴリ制服を着ていた女子生徒たちは傷つき、怯え、苦しんだ。

体操服を着て歩く時、女子生徒たちは通学バッグの3ペンマークも隠すようにして担いだ。

私も中学校の時に遭った事件の後、同じように、自分が朝鮮学校生であることを必死に隠しながら歩いた。

後にこの話をいくつかの場所で書いたり話したりしたところ、同世代の女性たちから「私にもそんな経験がある」という言葉をいくつも聞いた。

あの頃、チマチョゴリを着ていた女子生徒たちにとって、こんな経験はありふれたものだった。友人たちと昔話をしながら、こんな物騒な話題を当たり前に共有しているということの異質さに、胸の奥がひやりと冷えた。

全国の朝鮮学校でチマチョゴリ制服に代わる「第2制服」としてブレザー制服が使われるようになったのは、その直後からだった。

長年親しみ馴れてきたチマチョゴリを、通学時だけは着せないことにしたのだ。
女子生徒たちを標的にさせないために。

当初は希望者のみ購入するようにしていた第2制服だったが、今ではほとんどの学校で購入が義務付けられている。

第2制服導入の理由は他にもある。
チマチョゴリの衣服としての不便さや、服装での男女差をなくす目的もあってブレザー型の第二制服が使われるようになった（男子生徒の制服は昔から学ラン、ブレザーなどの洋服が使われてきた）。

しかし、生徒の安全のためというのが一番大きな理由だ。

こうしてチマチョゴリ制服は街から消えた。

私は中級部の時の体験を長く引きずっていた。

高級部に入学する頃には電車に乗ることもチョゴリを着て歩くこともどうにか克服していた。それでもチョゴリのまま1人で電車に乗ることはいつまでも怖かった。

危ない目に遭うかもしれないというのにチョゴリを着せようとする大人たちへの反発心もあった。
　チョゴリなんてダサくてかっこ悪くて大嫌い。動きにくいし暑苦しいし、「もっときれいに着こなしなさい。女の子なんだから」なんて言われるし……。もっと可愛くて動きやすい服が着たい。
　そう思っていた。
　そんな複雑な気持ちから、制服のチョゴリを改造して着ていた。ミニスカートにしたり、マフラーで衿の동정（半衿）を隠したり。
　チョゴリをチョゴリに見せない工夫をいくつも考えては試したものだった。

　それでも学生の頃には毎日チョゴリを着ていた。校則で定められた制服だから、仕方なく。
　そんなことだったから卒業後にはわざわざ自分から進んでチョゴリを着ようとは思えなかった。
　成人式のために、友人たちがこぞってチョゴリを誂えたりレンタルしたり盛り上がっている時にも、どことなく冷めた気分でそれを見つめていた。結局、チョゴリを着るのが嫌で成人式には参加しなかった。

　10代の頃、私はチョゴリが嫌いだった。
　チョゴリを着る自由も着ない自由も、まとうことが出来なかったからだ。

第1章　私とチョゴリ　033

# 第2章 「チマチョゴリ・イメージアップ運動」

20代の初め。私はやっぱりチョゴリを着るのが嫌いだった。

私は20歳で大学を卒業し、その後4年間は愛知県の朝鮮学校で働いた。

前述のとおり、朝鮮学校では女性教師たちもチョゴリの着用が義務付けられている。チマチョゴリは正装だからだ。

でも私はチョゴリを着ることを拒み、ジャージ姿で授業をすることが多かった。体育の授業を受け持っていたことを言い訳にしていた。

それから24歳で結婚した。福井県出身の夫についていく形で、同県内にある朝鮮学校に異動した。

生徒数の少ない小さな学校の生徒たちはみんな明るくてかわいかったし、歳の近い同僚に囲まれて楽しく働いた。充実した毎日だった。

ただ1点、毎日チョゴリを着なくてはならないことを除けば。

前任校とは違い、体育を受け持っていなかったのでジャージで授業をするための言い訳も見つからなかった。そんなことで文句を言っても仕方ない。

仕事着だと割り切れば、何のことはない。ユニフォームみたいなものだ。

当時の私は毎日同じチョゴリを着ていた。

冬は黒いベルベットのチマにピンク色のチョゴリ。

夏は青いチマに薄いクリーム色のチョゴリ。

「ユニフォーム」と割り切っていたから毎日同じでも平気だった。

そんな、ある日。

仕事中にどうしてもコンビニへ行かなくてはならない用事が出来た。

学校の外に出るから私服に着替えようか迷いはしたがそんな時間もなかったため、チョゴリのまま出かけた。

真冬の寒い日だった。

私は黒いコートを羽織って出かけた。

コートの中には、あざやかなピンクのチョゴリ。

学校から一番近いコンビニ。

駐車場について車を降りてから、チョゴリが見えないようにコートの前を手で抑えて、店に入った。

私はレジに並ぶまでもずっとそわそわしていた。

誰かに見られるのが恥ずかしかった。

いや、怖かったのかもしれない。
　お金を払ってそそくさと店を出ようとした。
　その時。
「きれいよねえ。それ、シルクでできているの？」
　レジを打っていた中年の女性が声をかけてきた。私はとっさにコートの前をぎゅっと抑えた。お金を払う時にコートの前が少し開いてしまったんだろう。
「はい。えっと。비단（ピダン）（シルク）……はい、シルクです」
「チマチョゴリって言うんでしょう？昔はそれ着た女の子をよく見かけたわよ」
　私は「はい」、と答えたと思う。
「よくご存知ですね」くらいの気の利いた答えが出来たろうか。それは記憶にない。
　彼女は構わずつづけた。
　好きな韓国ドラマで女優さんが着ているチョゴリが綺麗だったという話。
　昔はこの近くでもチョゴリを着た学生さんを見かけたよ、という話。
「そこの朝鮮学校さん、もう閉めた（閉校した）のかと思っていたのよ。だってチョゴリの学生さんを見かけなくなったから」
　この学校でもずいぶん前からチマチョゴリ制服に代わる第二制服を利用していたためだろう。
　チマチョゴリ制服は朝鮮学校のシンボルとして機能していた。
　ある時は攻撃の「標的」に使われたりもしたけれど、こうして地域の人たちに朝鮮学校の存在をアピールする役割も果たしてきたのだ。
　それはまた、そうした役割を女子生徒にばかり押し付けてきたということでもある。

「そこの朝鮮学校の先生でしょう？」
「……はい。そうです」
「雪が降りそうだから気を付けてね」
　短いやり取りだった。
　私は前立てを抑えたまま店を出た。
　黒いコートの下の、鮮烈なピンク。
　隠そうとしても隠し切れないあざやかな色。
　私は逃げるように車に乗り込み学校に戻った。
　思い出してみても、なんということのない出来事だった。
　でも何故だろう。

第2章　「チマチョゴリ・イメージアップ運動」　035

不思議な気分になったのを覚えている。

「きれいよねえ」という褒め言葉。

「シルクでできているの？」と、関心を示す様子。

それまでも公開授業にチョゴリで臨んだり国際交流イベントにチョゴリで出演したこともあったので、チョゴリを着て日本人に褒められることなんて慣れていた。でも街中で、日常の場面で、あんなふうに何気なく言葉をかけられたのは初めてのことだった。

完全に不意打ちを食らった。

しかし悪い気分ではなかった。

「きれいねえ」

（ええ、きれいでしょう？）

「シルクでできているの？」

（はい。共和国製の本物のシルクですよ）

堂々とそう答えられたならどんなに良かったろうと悔やみさえした。

恥ずかしさと、嬉しさと、少しの怖さと、小さな期待と。

胸の奥でいろんな感情がさざめいた。

冬の日の出来事があってから、私は、ときどきチョゴリでコンビニに出かけるようになった。

そうなると毎回同じ色を着ていくのが恥ずかしくなり、こまめに着替えるようにした。クローゼットの奥にしまい込んでいた母からのおさがりを引っ張り出してきて、赤や黄色、水色のチョゴリをかわるがわる着るようになった。

少し前まではその華やかすぎる色合いが嫌で仕舞いっぱなしにしていたチョゴリたちだった。

コンビニの女性は相変わらず優しくて、「今日の色、似合ってる」「そんな柄もあるのね」と声をかけてくれた。

チョゴリを着たまま出かける距離も少しずつ伸びていった。

少し離れた酒屋の自動販売機。

郵便局。

駅前のATM。

（駅の改札のその先……そう、電車に乗るところまでは実現できずにいたのだけれど）

人とすれ違う時は身構えることもあった。

じろじろと見られることも多かった。

そんな時は少し怖くて恥ずかしくて早足になったり、コートの前を抑えたりした。

けれども時折通りすがりの人に声をかけられ、「かわいい」「きれい」と言われると怖さも恥ずかしさも消し飛んだ。

だんだんと慣れてきたら、すれ違う人たちに笑顔で挨拶をするようになった。

酒屋の奥さんは「いつもきれいにしてるね」と言ってくれたし、ご主人は「昔そこのバス停で朝鮮学校の生徒さんと喧嘩したよ」と昔話を聞かせてくれた。

町の人たちはチマチョゴリ制服を懐かしみ、朝鮮学校と関わった思い出をぽつりぽつりと聞かせてくれた。

そして、私のチョゴリを褒めてくれた。

それは、「荒療治」のようなものでもあった。
チョゴリを着て歩くことの恐怖を、チョゴリを着て歩くことで癒していくような感覚だった。
そんな自分の心の変化を感じるために、何か実験でもするような感覚で、私は毎日チョゴリを着て出かけた。
そしてそれを「1人で勝手にチマチョゴリ・イメージアップ運動」と名付けていた。
その目的を「朝鮮学校の存在感をアピールするため」と周囲には話していたが、実のところは少し違っていた。
私の中でのチョゴリとの向き合い方を模索するためでもあり今にして思えば、外に向けてではなく自らの内面に向けての「チマチョゴリ・イメージアップ運動」だった。

そんなふうにして冬が過ぎて学校の木蓮のつぼみも膨らみだしたころ、私はコートを脱いだ。
春が近づいていた。

その年の4月、私は初級部1学年を受け持つことになった。
入学式を前にして私は悩んでいた。
――新入生と記念写真に写るとき、何色のチョゴリを着ようか……。
何日間か迷って、クローゼットから白い 색동(セットン) 저고리(チョゴリ) を出した。

大学卒業後に、朝鮮民主主義人民共和国を訪問した知り合いに頼んで、평양(ピョンヤン)（共和国の首都。仕立ての良い高品質の朝鮮服が手に入りやすい）で作ってもらってきたものだった。現地で作ると安いから1着作っておくと良いよと勧められて、あまり気乗りしないながらも注文したものだった。
「색동(セットン)」の入った可愛らしいデザインのため、既婚者の私は着られないなと思ってしまい込んであった（「セットン」は色とりどりの布を縞模様に並べた柄のこと。普通は未婚の若い女性が着る）。
入学式の日、セットンチョゴリを着て講堂に立つ私を見て同僚の1人は「そんい先生が新入生みたいだね」と笑った。
うん。
なんとなく。
新入生になったみたいな、晴れやかな気分でもあった。

2007年4月 初級部1年のクラス担任になった。入学式ではセットンチョゴリと黒いベルベットのチマを着た。

第2章 「チマチョゴリ・イメージアップ運動」　037

その年は毎日違うチョゴリを着て授業に入った。
担任していた児童は毎日私の着るチョゴリの色をあてっこして遊んでいた。
黄色いチョゴリは「병아리(ひよこ)レンジャー」。
赤いチョゴリは「진달래(つつじ)レンジャー」。
ピンクのチョゴリは「복숭아(桃)レンジャー」。
水色のチョゴリは「하늘(空)レンジャー」。
そんな名前で呼んでくれたりもした。

いつの間にか夏を迎え、学校は制服の衣替えを終えた。女生徒たちは校内で白いチョゴリと紺色のチマに着替え、一気に涼やかな風景に変わった。
私は夏用のチョゴリをいくつか買い揃えていた。
その頃には、チョゴリを着ることが私の楽しみの1つになっていた。

私は2011年ごろからTwitterを利用し始めた。
歳は30になり、子を持つ親にもなっていた。
Twitterに書くのは何でもない日常の出来事ばかりだったが、いつからか毎日の服のコーデ写真も載せるようになっていた。
その中には、学校でのチョゴリ姿もあった。
「かわいい」「きれい」「素敵」等ポジティブなメンションをもらうことが多かった。同時に、「チョン」「帰れ」「死ね」と、心無い言葉を投げつけられることもあった。
その度、一喜一憂しながら、なんとかへこたれずに(半ば意地を張るようにして)チョゴリコーデ写真をアップしつづけた。

そんな毎日の中で大切な友人を得た。
Twitterで、「そんいさんのチョゴリ、いつも可愛いですね。私も久しぶりに着てみたいな」という言葉をかけてきてくれた人。
今ではかけがえのない親友となった人。
「そに」だ。
そにとの会話は朝鮮学校の思い出話だったり、差別に対抗するための議論であったり、好きな音楽や映画の話、美味しいものや可愛いものの話たちだった。
でも一番深く話し合ったのは、やっぱりチョゴリの話だった。

038

朝鮮学校の学生時代にはチマチョゴリ制服が好きじゃなかったこと。

でもなぜだか今はチョゴリを着たいと思ったりもするということ。

新しいチョゴリが欲しいな、奮発して買っちゃおうかな、何色にしようかな、なんて他愛もない会話をだらだらと楽しんだものだった。

私とそにはネットを介して知り合い、1年以上にわたるオンラインでの付き合いを経て、2014年の2月に、当時、中国の大連に住んでいたそにが春節休暇のため日本に帰ってきた機会に初めて顔を合わせた。

場所は大阪の鶴橋コリアタウン。

そには日本に帰ったらやりたいことがいくつかあると言っていた。その中でも一番に望んだことは、新しいチマチョゴリを誂えることだった。

どこか良いチョゴリ屋がないかと相談されたので大阪鶴橋のチョゴリ屋さんを教え、せっかくなので一緒に行こうということになったのだった。

鶴橋の駅で待ち合わせてランチをして、予約を入れておいたチョゴリ屋に向かった。

道すがらいくつかのチョゴリ屋を素通りしたが、どの店のショウウインドウにも色とりどりの美しいチョゴリが並んでいた。

ヤンダン（韓国製のシルク生地）。刺繍。スパンコール。レースオーガンジー……。

ふんわり膨らんだチマと優雅な袖のライン。

豪華なつくりのチマチョゴリに目を奪われなが

ら、ゆっくり歩いた。

そうしてしばらく歩いていたら目当てのお店に着いた。

お店を前にそこには「えっと、入っていいのかな……」と躊躇う様子を見せた。少し緊張しているらしかった。

思い切ってドアを開けて入ると、鏡張りの広い部屋ときれいな生地たちが私たちを迎えてくれた。

それからすぐに打ち合わせが始まった。

お店の언니（お姉さん）が次々と布地を出してきて広げてはそにに合わせていく。

……赤いチマにしましょうか。青いチマ？　黒いチマ？

これは刺繍がきれいでしょう？

チョゴリは黄色が似合いそうですね。

コルムは三本つけるのが流行りですよ。

刺繍の말기（胸帯）を付けましょうね。すっきりして見えますよ……。

そには着せ替え人形のように次々と新しい布を着せられていった。

私は色あざやかな布に見とれながら、ふと、彼女の表情に目を向けた。

そしてなんとなくキュンと心が疼いた。

そにの、なんとも楽しそうな顔に目を奪われたからだ。

ああ。

チョゴリを着るのが、そんなにも嬉しいんだなぁ。

鏡越しに見るそにの嬉しそうな顔につられて、私まで嬉しくなった。
　そにとってそれは、「初めてのオーダーメイド韓服」体験だった。
　その瞬間に、私は立ち会ったのだ。
　今にして思えばそれは本当に貴重な時間だった。

　縫製に１ヶ月ほどかかるというのでその日は手ぶらで店を出た。
　手ぶらだけれど心には大きな喜びを抱えていた。
　そにも、私も。

「チョゴリ、早く着たいね」
「せっかく新調したんだからどこかに着て出かけたいな」
「誰かの結婚式に乱入しようぜ」
「それはちょっと……」
「じゃあいっそのこと自分たちでイベント企画しようか」
「いいねいいね！　チョゴリパレードとかチョゴリパーティとかやりたい！」
「お。乗る？　やっちゃおうか！」

　そんな話で盛り上がりながら鶴橋の街をぶらぶら歩いた。
　道すがら、何軒かのチョゴリ屋さんを覗いてみたりもした。
　せっかく作ったチョゴリだけれど、着る予定はないというそにの話が、私の心のどこかに引っかかった。
　成人式。結婚式。子どもの入学式や卒業式。記念写真を撮る時やどこかにお呼ばれした時。そんな「晴れのシチュエーション」でもなければチョゴリは着ない。
　それならチョゴリを着るためのイベントを興そう。
　我ながら良いアイディアだとも思った。
　けれども同時になんとも言えない虚しさを覚えた。
　日本で手に入るチョゴリは「セレモニー用」のデザインがほとんどで、そうやって特別なイベン

トでも企画しないと着られないものなんだと気付かされたからだ。

　なぜそうなのか。
　理由は簡単だ。
　床すれすれの長いチマ。
　色とりどりの華やかな布地。
　あでやかで華やかなデザインは「晴れ着」として美しい装いだが、日常の場面には馴染まない。
　その証拠に、レンタルのチマチョゴリには「屋外で着用しないでください」といった注意がなされることが多い。チマが地面に擦れて汚れやすい上に洗濯にも手間がかかるからだ。

　頭の中にでは中学生の頃のつらい体験を同時に思い出していた。
　また、Twitterでたびたび投げつけられたひどい言葉たちを思い出していた。

　着て歩くと危険に見舞われるかもしれない服。
　床に届くほど長いチマや華やかすぎるデザインから、外歩きには不向きな服。
　どちらにしても外では着られない服……。
　なんてもったいないんだろう。

　今はチョゴリを着て歩く女の子たちに優しい世の中ではないかもしれない。
　でもやっぱりチョゴリを着てどこにでも行きたい。
　街中を歩きやすい気軽で可愛いデザインのチョゴリが欲しい!!

　チョゴリを自作することを思いついたのは、その直後の事だった。
　友人が誂えたような伝統的で豪華なチョゴリを、私も沢山持っている。
　けれども、やはりそれらはなかなか着る機会のない衣装たちだった。
　朝鮮学校に勤めていたために普段からチョゴリを着る機会は多かった。けれどもそのチョゴリは何十年も前から変わらないデザインの、よく言え

第2章　「チマチョゴリ・イメージアップ運動」　041

ばクラシックで悪く言えば古くさく、派手すぎる色使いに洗濯のしづらい素材のものだった。そのため、仕事のために着る以外にはほとんど使わない服だった。

　外で着られて、日常生活に取り入れやすいデザインのものを作ってしまおう。

　単純な発想だった。


　はじめはどこかのチョゴリ屋にデザインを持ち込んで作ってもらおうとした。でも自分の考えをうまく伝えられる気がしなかった。ハッキリとしたデザインのアイディアがあったわけでもなかったからだ。それにものすごくお金がかかりそうだったし……。

　そこで、まずはチョゴリの型紙を販売しているお店から型紙を取り寄せた。近所の服地屋で材料を買い込み、子どもの通園バッグを作って以来しまいっぱなしだったミシンを取り出して、ちくちくと縫い始めたのだった。


　初めの１着は黒地に赤い椿柄のチョゴリと、白いレースのチマだった。

　チョゴリの袖口とコルムはピンク色。コルムは短く細くした。従来の長いコルムでは邪魔くさく感じたからだ。また袖も丸くカーブした形ではなく直線型の細めの袖にして腕の動きを妨げないように作った。

　上下とも綿100％の素材。洗濯がしやすいことを意識した。

　今見返すと出来上がりは酷いものだ。

　縫い目はガタガタだし袖の長さも微妙に揃ってないし柄も繋いでいない。糸端の処理も甘い。

　でも作っている間の興奮がそのまま生きているようにも感じる。この興奮は、今の私にはもうないものかもしれない。


　まず１着を作り終えてみると、達成感があったと同時に思い通りにいかなくて不満も多かった。すると、すぐ次の１着を作りたくなった。

　それから、私は夜な夜なチョゴリを縫うようになった。

　練習のために安い生地を買い込み、型紙をあれこれアレンジして、昼間は暇さえあればデザイン画を描き、夜はひたすら縫い続けた。

　作業は朝までかかる事もあり、寝不足でフラフラのまま仕事に出かけたりもした。

　それでも作りたい欲求は治らなかった。


　何着か作り貯めたころ、初めての注文が入った。

　私が作ったチョゴリの写真をFacebookに投稿していたのを見て、私にも作って欲しい、と言ってくれた人がいたのだ。

　そのうちの１人はそにだった。

　紺色に白い水玉柄のチョゴリ。

　生成りの麻のチマ。

　２人であれこれ相談しながらデザインしたのは、爽やかな夏物のチマチョゴリだった。

他にもいろいろな注文を受けた。
　亡くなったお祖母様の遺品の布地をチョゴリに仕立てて欲しいという注文。
　結婚記念日のデートのために夏物の半袖のチョゴリが欲しいという注文。
　朝鮮学校教員になったかつての教え子からの「そんい 선생님（先生）みたいに可愛いチョゴリで授業がしたい」という注文。

　作るたびに私が感じていたのは、「チマチョゴリ・イメージアップ運動」の時と同じ感動だった。

　徐々に縫製技術も上がっていった。
　同時にデザインの精度も上がっていったような気がする。
　2014年の夏が終わるころには、おずおずと、「チョゴリデザイナー」を名乗るようになっていた。

第2章「チマチョゴリ・イメージアップ運動」　043

# 第3章　きゃわチョゴリ隊

　ご近所ならチョゴリを着て出かけることにも慣れ、何着かを作りためた頃、気が付くと、私の作ったチマチョゴリにTwitter上で「きゃわチョゴリ」という言葉が出来上がっていた。
　「きゃわいい（可愛い）チョゴリ」という意味合いだろうか。「きゃわチョゴリ」は、いつの間にか私が作る韓服の代名詞のようにもなっていた。
　私は「きゃわチョゴリの社長さん」と呼ばれるようになった。
　2014年の秋。空が高くなり始めた頃のことだ。

　その頃私が何を考えていたかというと。
　「1人で勝手にチマチョゴリ・イメージアップ運動」にも飽きてしまっていた。運動そのものではなく、1人で着て歩くことに、退屈してきたのだった。

　そんな折、突如「きゃわチョゴリ隊」を組もうという話が持ち上がってきた。
　反差別東京大行進─TOKYO NO HATE─2014で、参加する女の子たちに私の作ったきゃわチョゴリを着てもらおう、そして集団で歩いてもらおう、という企画であった。
　東京大行進の運営に関わる人たちや私のチョゴリ制作を応援してくれていた友人ら数人の呼びかけで、「きゃわチョゴリ隊」は実現の運びとなった。
　私もかねてから東京大行進を応援していた。
　当時、東京の新大久保、大阪の鶴橋などのコリ

ア系住民集住地域をはじめとする各地で排外主義・差別主義団体による街頭ヘイトスピーチが横行していた。

2013年頃からこうしたヘイトスピーチに反対の声を上げる人々が街に現れるようになった。その1人1人の声が集まり、大きなうねりとなり、「反差別」を訴えるパレードという形にまで発展したのが TOKYO NO HATE だった。

だが、東京が遠いこと、子育て中で家を空けにくいこと、交通費や宿泊費の工面などいろいろの事情があり、参加はあきらめていた。

そこへ降って湧いた「きゃわチョゴリ隊」の話だった。

発案者からの提案では、チョゴリを貸してくれれば良いので東京に送ってくれ、という話だった。

東京大行進まで約2週間。

お貸しするチョゴリを選んでアイロンをかけて箱に詰めて……。

（どんな人が着るんだろう）

（どんな思いで着るんだろう）

ふつふつと湧き上がる思いで、胸がいっぱいになった。

私は、女の子たちがきゃいきゃい言いながらチョゴリを着て歩くのを想像してみた。

そうすると、たまらなく幸せな気持ちになった。

考えてみたら高校卒業以来、集団でチョゴリを着て外を歩くなんてことは経験できずに来た。

高校時代、チョゴリ嫌だね、面倒くさいね、暑いね、寒いね、と言い合いながら友達と歩いた駅までの道。

友達と相談しながら制服のチマを短く改造したり、スニーカーやスタジャンを合わせてアレンジしながら、学生なりのおしゃれを楽しんで、そのスタイルで栄や名駅周辺で遊んだこと。

あんなに嫌いだったチマチョゴリ制服なのに、楽しかった思い出ばかりがよみがえってきた。

ああ。

私、またみんなでチョゴリを着て歩きたい。

私の気持ちは、もうすっかり東京に向いていた。

お金も時間もどうにかなる。

子どもは実家で預かってくれるというし。

よし、行こう‼

そう決めたのは、東京大行進の1週間前のことだった。

そこからが大変だった。

手持ちのチョゴリは全部貸し出してしまったので自分が着る分がない。

急いで作らなくてはならない。

東京に行くと決めたその日のうちに生地を仕入れて制作に入った。

東京大行進のために作ったのは、日本の浴衣に使われる生地を使ったチマチョゴリだった。

赤い地に草履や櫛の絵が並ぶ和柄の生地のチョ

ゴリ。かすりの入った紺色のチマ。

　在日コリアンである私にしか作れないものを作りたい。それを着て歩きたい。そういう気持ちを表現したかった。和柄の生地で……というのはあまりにもベタな発想ではあったけれども。

　ただ……、制作のために1週間ほとんど眠れなかった……。

　どうにかこうにか自分の衣装が出来上がり東京行きのために荷造りを始めたとき、Twitter上である人と知り合った。

　絵本作家の松本春野さんだ。

　春野さんも東京大行進への参加を表明しており、そこへ向けてリサーチをかける中で「きゃわチョゴリ」を知ったというのだ。

「きゃわチョゴリ着てみたいです」

　そんな素直なツイートが嬉しくもあり、また同世代で共感できる事柄が多かったこともあり、手持ちのチマチョゴリをお貸しする約束をした。

　そのチョゴリは私が自作したものではなかったけれど、手持ちの衣装の中では特に思い入れの強かったもの。あの、いつかの入学式で着た、白とセットンのチョゴリだった。

　大行進前日。私は自分の衣装と春野さんの衣装と、宿泊に必要な少しの荷物をトランクに詰めて、めったに乗らない新幹線に乗って、東京に向かった。

　東京駅では乗り換えの電車がわからずに右往左往して迷子になった。

　その晩、やっとたどり着いたホテルでベッドに入ってもなかなか眠れなかったのを覚えている。

　遠足の前の晩の子どもみたいな気分だった。

2014年11月2日。

薄曇りの空の下、私は新宿に向かった。

　きゃわチョゴリ隊の控え室は東京大行進の集合場所近くにあった。

　当初、チョゴリは着る人たちの自宅に直接送り、自宅から着て来てもらおうとしていたそうだ。しかし、きゃわチョゴリ隊に参加する女性たちの中から「チョゴリを着て出かけるのが怖い」という意見が出たため、それは却下された。

　きゃわチョゴリ隊に参加した女性たちの多くが反レイシズムの活動に深く関わってきた人たちだった。彼女たちも活動の中で「チョゴリが攻撃の的になりえること」を知っていたし、そう感じてきたのだろう。

　大行進の集合場所近くに会議室を借り、そこを控え室として利用することにしたのだった。

　そのすべての準備やとりまとめはtatangaさんが担当してくださった。仕事が速く連絡や報告が細かく的確。とにかく頼りがいのある女性で、彼女もまた反レイシズム活動家であり東京大行進の運営に携わっていた。

　私はその日も道に迷いながらなんとか控え室にたどり着き、きゃわチョゴリ隊のみなさんと対面した。

　控え室に集まったのは8名の女性。年齢も居住

地もバラバラで、でもみんな反レイシズムの活動の過程に知り合った仲間たちのようだった。

そこに私と春野さんが加わり、きゃわチョゴリ隊は総勢10名。

みんなできゃっきゃきゃっきゃ言いながらチョゴリに着替えた。

私はみんなの胸のコルムを結んであげた。ちょうちょ結びじゃなくて片結びなんですよ、と教えてあげながら、ひとつひとつ結んで回った。

春野さんはセットンチョゴリのコルムを見て、
「この模様（セットン）、ポールスミスみたいで可愛いですね！」
と言って笑ってくれた。

その例えがちょっと面白くて私も笑った。

……ベレー帽を合わせようかな。
……おさげ髪が似合うかな。
……ウィッグつけるかショートヘアのままか迷う。
……ねえ誰か赤いリップ持ってない？
……そのチーク可愛い。チョゴリの色に合いそう。
……これ韓国のやつだよー。
……あ、ブーツかっこいいね。はいからさんみたい。

そんな他愛も無いやり取りが私の耳には心地よく響いた。それはまるで高校生の時分、下校前に女子トイレで友達と交わした会話の再現のように聞こえた。

きゅうんと心がふるえた。

チョゴリを着こんだ彼女たちはものすごく可愛らしかった。

ふわふわとチマを揺らしてひらひら動く姿が、チョウチョみたいだった。

「これ、きゃわチョゴリのお礼です」

控え室を出ようとしたとき、春野さんからプラカードを渡された。

春野さんお手製のかわいいプラカードだった。「ヘイトスピーチはいらない！」と言う言葉と、泣きじゃくる女の子のイラスト。
「私の分とそんいさんの分、二つ作ってきたんです！　きれいにできてるほうをあげますね」
「ありがとう！　チョゴリもプラカードもおそろいですね」

ふふふと笑いあいながら、私たちは控え室を後にした。

　新宿中央公園の広場はプラカードやトラメガを持った人たちであふれかえっていた。
　そこが東京大行進のスタート地点だった。
　公園のなかを歩くとすれ違う人たちの視線が集まるのを感じた。
　すでにTwitterなどで「きゃわチョゴリ隊」についての前評判が出回っていたせいだろう。
「あっ！　きゃわチョゴリ隊だ！」
と、声をかけてくれる人も多かった。
「かわいい！」「きゃわ！」

　会う人会う人に褒められて、悪い気分はしなかった。
「社長、昨日東京駅で迷子になったでしょ」
と迷子のようすのツイートをからかわれたりもして、少し恥ずかしかった。

　ほどなく大行進がスタートした。
　私たちは第2梯団に並んだ。
　K-popをBGMに、軽快に歩く人々。
　その中で、きゃいきゃいはしゃぐきゃわチョゴリ隊のメンバーたち。
　私の隣にはセットンチョゴリの春野さんがいた。
　春野さんが動くたびにチマがふわふわなびいて、コルムがひらひらと揺れた。それを見ていたら心までふわふわひらひらした。肩が、腕が、膝が、胸が、自然と躍りだした。

　隊列が東京都庁舎前を通るときには、コールをあげた。
「差別をやめろ」
「差別をとめろ」
「差別は要らない」
叫びながら振り上げた拳には「NO H8（NO HATE）」と書かれたピンク色の手袋。拳を振り上げるたびに袖の 배래（チョゴリの袖の下部分）が、旗のようになびいた。

　しばらく歩くと前の方から私を呼ぶ声が聞こえた。

「チョゴリの子、フロート(パレードの先導車)に乗れる?」
　言われるままフロートに乗り込んだ。
　フロートの上から後ろを振り返ると、いくつもの笑顔と目が合った。
　急に鼻のあたりがつうんと熱くなった。
　涙で景色がにじんで見えた。
　涙を拭いていたらふいに肩を抱かれた。同じフロートに乗っていたあずさちゃんだった。
　あずさちゃんもきゃわチョゴリを着ていた。
「そんいちゃん。わたしたち、チョゴリ着てるよ。みんなが見てるよ！　すごいね。すごいよね」
　あずさちゃんが大きな目を潤ませながらそんなことを言うものだから余計に泣けてきた。
　わんわん泣きながら2人で抱き合った。
　フロートの後ろでは春野さんが涙目でこちらを見ていた。

　それからゴールにたどり着くまで、笑って、歌って、躍って、泣いてを繰り返していた。
　後ろに並ぶ新しい友人たち。
　沿道から手を振ってくれる人々。
　忙しそうに歩く通行人たちも時折横目でこちらを見ていた。
　同じフロートに乗っていた辛淑玉(しんすご)さんが「ありがとう！　みんなありがとう！」と叫んでいた。
　沿道の人波に向かって。
　フロートに続いて歩く友人たちに向かって。
　それから、隣にいる私とあずさちゃんの手を握ってくれた。
「예쁜(イェップン)　한복(ハンボク)(可愛い韓服).とっても可愛い。ありがとう」
　また涙があふれた。

第3章　きゃわチョゴリ隊　049

それは複雑な含みを感じる「ありがとう」だった。
　その含みのすべてを私が知っているわけではないのだけれど、近い感情を共有しているような気はした。たぶんね。

　夢を見ているような不思議な時間だった。
　新宿の大通りをぐるりと1周まわって帰ってくる間に、どれだけ笑って泣いて歌って叫んだだろう。のどがカラカラになっていたし、付けまつげはどこかに落としてしまった。

　集合場所だった公園に着くときゃわチョゴリ隊のみんなが集まっていた。
「記念写真、撮ろう？」
　誰かがそう呼びかけた。
　誇らしげな笑顔が並んだ。
　それから、1人1人とハグした。
　歩き疲れた体を癒しあうように、温もりをわけ合った。

「私ね、こないだ初めてネトウヨに絡まれたの。チョゴリ着て歩くことをTwitterに書いたら」
　控え室に戻る帰り道で、春野さんがそう言った。
「はじめはただチョゴリが可愛くて着たくてそんいさんにお願いしたの。でも、それからいろいろ調べてみたりネトウヨに絡まれたりして、いまの日本でチョゴリを着ることがこんなに大変なんだなって気づいた。それでも負けないで、こんなに

元気に頑張って可愛いものを作ってるそんいさん、すごい。そう思ったら私、ますますチョゴリ着たくなったよ」
　春野さんがぽろぽろと泣いた。
　私も泣いた。
　2人とも子どもになったみたいだった。
「あのね。そんいちゃんって呼んでいい？」
「うん。私も春野ちゃんって呼ぶ」
　新しい友だちができた。
　それは間違いなく、チョゴリが結んだ縁だった。

　着替えて片づけて、いくつかの取材を受けた後、挨拶がてら打ち上げ会場に顔を出した。
　帰りの電車の時間が迫っていたのであまり長居はできなかったが、「きゃわチョゴリ隊」発足の仕掛け人になってくれた何人かの人に挨拶をした。
　会場を出る直前に、よすはす君に会った。
　彼もきゃわチョゴリ隊を応援してくれた人の一人だった。
「道のまんなか歩いたったやん。チョゴリで歩いたったやんか！」
と、よすはす君が言った。すこし酔っていたらしくろれつが回っていなかった。涙目に見えたけれど、あれはお酒で上気していたせいだろうか。
「ありがとうね」
　それ以上話すと私も泣いてしまいそうだった。だからひと言だけ伝えて私は会場を出た。
　帰りの新幹線の中でぼんやりと1日を思い出していた。

疲れていたはずなのに眠くもならなかった。

頭の中では、よすはす君の言葉を何度もなぞっていた。
「道のまんなかを、チョゴリで歩いた」
2009年の12月、在特会メンバーらが京都朝鮮第一初級学校前で「公園の不正使用への抗議」と称してヘイトスピーチを繰り広げた事件があった。その際に彼らが放った罵詈雑言の中に「チョン（朝鮮人）は道の端っこを歩いたらええねん」という言葉があった。
それは私の祖母たちが子供の頃に日常的に受けてきた言葉でもあった。
よすはす君の言葉にはそんな背景が隠れていたのだ。
「道のまんなかを、チョゴリで歩いた」
もう、コートの前立てでトンジョンを隠していた私ではなくなっていた。
きゃわチョゴリ隊の思い出は今も私を強く支えてくれる。

# 第4章 「そんいチョゴリ」の誕生

11月。

空が高くなり始めていた。遠くの山の紅葉が色づき始め、早朝には霧が立ち込める季節になっていた。

だが、この頃私には空を見上げたり山を眺めたりする余裕なんかなくなっていた。

東京大行進の興奮が冷めるのを待たず、私はパンクしかけていた。

「きゃわチョゴリ隊」による宣伝効果は絶大で、一気に注文が増えたのだった。

あっという間に制作スケジュール表はいっぱいになった。11月が埋まり、12月が埋まり、気が付けば年明けの2月まで休みなく制作し続けるスケジュールになってしまっていた。

これはヤバい。

本気にならないと。

そう思って、まずはアトリエを作った。

アトリエと言っても自宅の一室、もとは子どものおもちゃ置場として使っていた部屋を片付けてミシンと作業台を置いただけの殺風景なものだった。

作業効率を上げるためにミシンを新調した。念願だったロックミシンも買った。

殺風景なアトリエの隅には色とりどりの布地が積まれ、今か今かと出番を待っていた。

その頃私は子育てをしながら非常勤講師としての仕事も続けていた。毎日の家事や子どもの世話、授業の準備に追われていたので、日中は制作のためのまとまった時間をほとんど取れなかった。

夜な夜な作業をする私の代わりに夫が子どもたちを寝かしつける日々。

私は毎夜明け方まで作業してアトリエのクッションで気絶するように眠り、2時間か3時間の睡眠時間しか取れず、日中は青い顔でふらふらしていることが増えた。体重もずいぶん減った。

週末には1日中アトリエにこもって制作に励むこともあった。

アトリエの隅の布地の山は、低くなったりまた高くなったりを繰り返していた。

12月。

私は決意を固めた。

ある日私は家族と夕食を取りながら、

「私、チョゴリ屋になろうかな」

と、言った。

夫はけろっとした様子で「あ、やっと決めた

の？」と返した。

長男は「엄마（お母さん）、可愛いチョゴリいっぱい作ってね。ぼくも青いチョゴリが欲しい」と言い、次男は夕食のトマトに夢中だった。

「やればいいよ」

夫がそう言ったので、

「わかった。やる」

と、答えた。

それから数日と経たないうちにブランド名を考えてロゴデザインを知り合いの会社に発注した。

ブランド名は「そんいチョゴリ」。

Twitterのアカウント名だった「そんい・じゅごん」から、ネット上ではすでに「そんいさんのチョゴリ」と呼ばれていたのでそのままブランド名に採用した。

本国でよく使われる屋号を参考に「성이한복（そんい韓服）」、「성이주단（そんい紬緞）」なども考えはしたが、在日コリアンにも日本人にも馴染みのある「チョゴリ」という言葉をあえて使うことにした。

この、「そんい」という名前。じつは子供の頃のあだ名だった。

幼稚園児くらいの頃、友だちが私をそう呼んでいた。チマチョゴリ制服を着るオンニ（お姉さん）たちに憧れていたころの、幼かった私の名前だ。

ロゴマークのデザインは「アトリエ・ハル」の社長にお願いした。アトリエ・ハルの金社長は私が初級部５年生の頃のクラス担任で美術教師でもあった。私に絵を描くことを教えた人だ。10数年前に教員職を辞し、デザイン会社を営んでいる。

「どんなイメージのロゴを作る？」と聞かれて、「翼のイメージで」と即答した。

着る人の心の翼になるような服を作りたいと思っていたからだ。

出来上がったロゴは私の予想をはるかに超えた、美しい仕上がりだった。さすがソンセンニム（先生）……と唸らされた。

そんいチョゴリのロゴは、翼とそれに沿う１本のライン。よく見ると翼はチョゴリの袖の形、ラインはコルムの形になっている。

そんいのチョゴリをまとえば翼を持ったように心が軽くなりますように。

そんいのチョゴリが人と人を結ぶコルムになりますように。

そんな、金社長の気持ちが込められていた。

色は赤と黄色の２色。それは私の母の婚礼衣装のチマチョゴリの色と同じだ。幼い頃オモニに見せてもらった写真の中のチマチョゴリ。私の中の「花嫁さん」のイメージはいつも母の花嫁姿だった。

ブランド名を決め、ロゴもおおむね決まってから迎えた2015年の年明け。

私はインフルエンザ発症とともに元旦を迎えた。正月料理の代わりにミルク粥を飲み込みながら、

それでも私はアトリエにいた。

どうせ一歩も出られないなら仕事でもしようと開き直っていた。

高熱のまま布団の中でデザイン画を何枚も何枚も描きあげ、布問屋に注文の予約メールを送り、手持ちの生地をあれこれ組み合わせてみながらああでもないこうでもないと唸り……。
頭が痛いのは熱のせいなのかデザインに悩むせいなのか分からなくなっていた。

ふとFacebookを開いてみると、先輩のチョゴリ屋さんたちも元旦早々ミシンを踏んでいるらしかった。
「手元に生地があって機材があると、つい働いちゃうよね」
先輩たちのそんな書き込みに元気をもらった気がした。

そしてこの日から、私の「チョゴリ屋稼業」が始まった。

インフルエンザの熱が下がったのは正月3が日を過ぎるころだった。この正月はドカ雪に見舞われ、家に引きこもって過ごしている間に降り積もった雪で私の愛車はすっかり埋まっていた。

4日から布問屋が開くというので車を出せるようにしようと、夫と息子たちと雪かきをした。
「明日問屋見に行くよ」
スコップで車を発掘する私。
「あのさ。開業にあたってお前に言っておくことがある」
よけた雪で滑り台を作る夫。
「なに」
「年が明けたから今日から帳簿を付けなさい。領収書は科目別、日付順に並べてまとめて、月ごとに売り上げと仕入れ値と経費を計算して……」
経理業務を生業にする夫からのアドバイスだった。
「あーはいはい。はいはいはいはいはいはい」
その日から私のアトリエには領収書用の箱が置かれた。「パンドラの箱」と呼んでいる。
……その箱を、ときどき開けては悲鳴を上げている。

ともあれ一応は「チョゴリ屋」としてスタートを切った正月だった。

私は元旦に、こんなことをTwitterに書いていた。

「今年は『そんいチョゴリ』ブランドを正式に立

ち上げます。ロゴデザインもまだ決まっておらず、サイト開設にも着手できておらず、いろんなことが後手後手になってはいますが、1つずつこなしていきます。

今年もあなたの体と心にぴったり合った優しい服を縫っていきたい。そう思っています。」（2015年1月1日）

その頃私はもはや立ち止まっては居られない場所に立たされていた。

6月に、ファッションショーをすることになったのだ……。

ファッションショーの企画はこの本の担当編集者、小林えみさんの提案で動き始めた。この本を出すにあたりパートナーとして寄り添い、導いてくれた方だ。小林さんとは東京大行進で知り合った。彼女ときゃわチョゴリの本を出す企画の相談をしているなかで、このショーの提案を受けた。

ショーは6月の「カルチュラル・タイフーン2015」の中で発表することになった。
カルチュラル・タイフーンは「カルチュラル・スタディーズ学会」が主催する様々なイベントも取り入れた学会だ。
「カルチュラル・タイフーン」＝「文化の台風」。
その名の通り台風のように予想しえない軌道を描きながら移動しながらエネルギーを吸っては掃き出し、あらゆるものを巻き込んでいきながらその痕跡を残していく文化の姿を捉えていこうという活動だ。

きゃわチョゴリもまた「台風」のようではある。
作っている私は台風の目の中にいるのかもしれず、この先どれほどの規模に成長するのか、どんな軌道で進むのか、私にも予想できない。風に煽られたり別の台風とぶつかり合ったり、空気を吸い込み吐き出しを繰り返しながらずんずんと大きくなっていくかもしれない。

文化との融合というコンセプト、会場が大阪人権博物館「リバティおおさか」という「カルタイ2015」はきゃわチョゴリファッションショーのステージとして絶好の場だった。

第4章 「そんいチョゴリ」の誕生　055

「はい。やります！」

　そんなわけで私は、小林さんからの提案に２つ返事で乗っかった。

　そして６月までの半年間、息継ぎと給水を繰り返しながらの長い長いマラソンのような日々を過ごすことになったのである。

　ファッションショーの準備はデザインを考えること、全体の構成を決めること、音楽、モデル探し、前宣伝、そして何より制作と資金集めと……とにかく大変だった。

　小林さんやそに、また多くの友人たちの助けを借りながら１つずつ片づけていったが、正直、どうやってこなしていたのかすべての記憶はないほどだ。

　過労気味で痩せて友人たちに心配をかけながらも、「まあモデル体型になったから結果オーライやん？」と無駄にポジティブに考えてみたりもしていた。

　出品数の目標を30着に設定し、うち20着ほどを新作で用意することにした。

　それまでの私からは考えられないほどのハイペースでデザインして制作して５月の頭には出品作のほとんどを作り終えた。

　この年の４月には朝鮮学校での非常勤の仕事もぐんと減らした。仕事を減らした分収入も減ったが、代わりに制作時間は格段に増えた。

　モデルさんを探すのも大変だった。これも友人たちにずいぶん助けられた。

　チョゴリを作り始める以前からの知り合いで、チョゴリ制作をいつも応援してくれていた大学教授の金明秀先生や、たまたま飲み屋で居合わせたイケメンの삼남さん。

　東京大行進の「きゃわチョゴリ隊」に参加してくれた、フサエさんにあずさちゃん。

　朝鮮学校の後輩教員、려현と명현。

　数年来の友人の娘さん、사랑ちゃん。

　親友のそに。

　それから、私の実の어머니（母）。

　残りはウェブサイトからの公募で集まったモデルさんたちと、カルタイのボランティア学生モデルさんたちだった。

　モデルさんの顔立ちや雰囲気に合わせて衣装を決める作業は楽しかった。もともと服が好きでふだんの着こなしにもこだわるたちだったので、スタイリングは楽しい作業だった。

　５月にはモデルさんたちのフィッティングを終え、ショー全体の構成を作り、音楽を編集し、最後に残ったのは自分が着る衣装の制作だった。

　自分用の衣装のデザインはずいぶん前から決めていた。

　真っ黒なきゃわチョゴリ。

　モデルさんたちがカラフルな韓服を着て歩くなら私は「黒子」になろう、という気持ちの表現でもあった。

しかしそれ以上に頭の中に強くイメージしていたのは「リトル・ブラック・ドレス」だった。
　結婚式に行くと必ず見かけるリトル・ブラック・ドレス。
　本当のことを言うと、ずいぶん前からあれにうんざりしていた。
　なんとなく可愛いだけの、黒ワンピ。みんなが同じような黒いパンプスに巻き髪で、個性は、クローゼットの奥に忘れてきたみたいな……。「空気読んじゃった」スタイル。
　かと言って、私は伝統韓服を着て参席するスタイルにも飽きていた。
　コルムに皺を作りチマの裾をふんづけてだらしなく歩く伝統韓服を見て、かっこ悪いなあと思ったりしていた。

　そんな中で自分用にデザインしていたのは、そこへの挑戦としての「リトル・ブラック・きゃわチョゴリ」だった。
　黒いヤンダン。
　黒いオーガンジーレース。
　黒いサテンにチュールレース。
　バックスタイルに真っ赤な牡丹の刺繍。
　ミニ丈のチマの裾には薔薇柄の金箔。
　ポイントとして、안고름（アンコルム）（チョゴリの内側の結び紐。長くたらして飾りにすることもある）には赤い加賀友禅。
　버선（ポソン）（韓服用の靴下）なんか履かずに素足に真っ赤なパンプス。
「そんな短いチマで！」
「素足を出すなんて！」
「真っ赤な靴なんて履いて！」
　オモニに見せたらそう言って怒るだろうなと思った。でもそんな声を想像することさえも面白く感じた。
　リトル・ブラック・きゃわチョゴリを作る間、わくわくして楽しくてたまらなかった。新しい悪戯を考えるような気持ちだった。

　そんな気持ちを、高校生のころの私も感じていた気がする。
　校則を破ってチマをひざ上のミニ丈に改造したり。
　長くて邪魔くさいコルムを巻いて短くしてコサージュを飾ったり。

第4章 「そんいチョゴリ」の誕生　057

袖口や襟もと、チマの裏地にレースを縫い付けたり。

　ルーズソックスやスニーカー、スタジャンを合わせてみたり。

　あのころの私たちは「校則違反」すれすれのラインを攻めながら、조고생（朝鮮高校生）スタイルのオシャレを創り出そうとしていた。

　大人たちが眉をひそめるのを横目に見ながら。


　リトル・ブラック・きゃわチョゴリを作る間、あの頃の気持ちが蘇るような気がしていた。

　作り続けながら思い出していたのは高校生の頃の思い出ばかりではなかった。

　心はいつしか中学生の頃のチョゴリの記憶にまで遡っていた。

　中学生の頃に私が着ていたのは、紺色の制服チマチョゴリだった。

　上下同色の、青みがかった紺色のチマチョゴリ。

　シンプルな装いだったが袖口の裏側にだけセットンが仕込まれていた。

　中学入学前にチョゴリを受け取ったとき、チョゴリ屋の할머니（おばあさん）に、「どうしてここだけセットンにしてあるの？」と聞いてみた。

　ハルモニは、

「腕まくりするときに袖口を折り返すとね、セットンが見えるでしょ。袖口だけでも綺麗なセットンが見えたらちょっと可愛いでしょ？」

と、言った。

　中学校に入学して最初の掃除当番の時、ハルモニに言われたとおりに袖口を少しだけ折り返して腕まくりをしてみた。

　夜空のような紺色のチマチョゴリの、袖口だけに鮮やかな虹色。

　ハルモニの言う通り、ちょっとだけ可愛く見えた。

（チョゴリ着るのって楽しいかも）

　そう思い始めた。中学校１年生の頃の思い出だ。

　黒いきゃわチョゴリを作る私の心は、そんな中学生の頃の気持ちにまで戻っているようだった。


　チョゴリを着るのが、楽しい。

　うれしい。

　幸せ。


　そんな気持ちが、ミシンを踏む力をくれた。

# 第5章　梅雨の晴れ間のランウェイ

　6月13日。
　梅雨の曇り空の間にぽっかりと晴れ間がのぞく気持ちのいい日だった。
　私は強力な雨女なのでこの日を迎えるまで天気の心配ばかりしていた。奇跡的に顔を見せた青空にホッとしていると、フサエさんが「わたし晴れ女なの」と笑いかけてくれた。

　梅雨の晴れ間を仰ぎながら歩いたランウェイを、私は今もあざやかに思い出す。
　しっとりと湿った草の匂いも、楽屋に届いた花束の色も、風になびくチマの音も、友人たちの笑い声も、オモニの涙も、昨日のことのように思い出される。

　この日の早朝、ひやっと湿った空気に包まれながら、私は新大阪の駅にいた。
　始発の新幹線に乗って名古屋から来るオモニを迎えるために。
　オモニが何やら大きな荷物を抱えて改札口を通り抜けて来たので、「手ぶらで来たらよかったのに」と言ったら、「いろいろ持ってくるもんがあったの」と、嬉しそうに答えた。

　私たちは駅のコンビニでお昼ご飯を調達することにした。オモニは、おにぎりやらサンドイッチやら次々とカゴに入れていく。そんなに食べきれないよ、余したらもったいないでしょう、と私が言うと、「駄目だよ。あんた、ちょっと見ない間にそんなに痩せて。どうせ朝ごはんも食べてこなかったんでしょう。今日は無理にでも食べなさい」と怒られた。

そんな貧相な顔でショーに出るなんて……とぶつぶつ言い続けながらレジに向かう後ろ姿を見て小さく笑いが漏れた。
　電車を乗り継ぎ、会場に着いて楽屋に入ると、オモニは大きな紙袋の中から何やら色とりどりの紙を取り出した。
「オモニね、折り紙でチョゴリ人形を作ってきたんだよ。見てみて、可愛いでしょう。楽屋に飾ろうと思って持ってきたよ。テープも持ってきたから適当に貼るね」
と、赤や黄色、ピンクや水色の折り紙のチマチョゴリ人形たちを楽屋の壁や鏡の隅にペタペタと貼り付けていった。
　40年以上、朝鮮幼稚園教諭として働いてきたオモニには、折り紙細工も壁面飾りも職業柄の特技の1つだった。
　とはいえ私は、ちょっと幼稚すぎやしないかなあなんて苦笑してしまった。
　でもそんな心配をよそに、後から入ってきた大学生モデルさんたちは折り紙人形を見つけて「可愛い！」とはしゃいでくれた。
　母も嬉しそうに彼女たちを見つめていた。
「折り紙も持ってきたから、あとでまた作ってあげるね」なんて、幼稚園児でも相手するように話しかけたりもしていた。

　そうこうしているうちにモデルさんたちが全員集合したので簡単にミーティングをして、それぞれ準備に取り掛かった。

　狭い楽屋は30名近いモデルさんとスタッフたちとでがやがやと賑やかだった。
　かわるがわる鏡を覗き込みながらベースメイクを整え、髪を巻き、アイラインを引いたりマスカラを塗ったり。
「リップ何色にしよう？」
「ねえねえ、チーク濃すぎない？　大丈夫かな？」
「髪の毛がきれいに巻けない。どうしよう」
　ほとんどすっぴんのまま集まって来ていたモデルさんたちがどんどん可愛く変身していった。
　私もヘアアイロンを手にして女の子たちの髪をくるくると巻いていった。
　あるモデルさんは生まれて初めて髪を巻いてもらったそうで、「すごい！　こんなにふわふわになるんですね！　私もアイロン買おうかな。自分でもやってみたいです」と嬉しそうに笑ってくれた。
　そんな言葉からも、「かわいい」のパワーを感じた。

オモニは楽屋の隅の椅子に座って、若いモデルさんたちの様子をぼんやり眺めていた。

2時間ほどバタバタと動き回ってメイクも終わり、衣装も着付け、大体の準備が整いつつあった。

私も一息ついて髪を整えていると、急にオモニが「口紅貸してちょうだい」と声をかけて来た。

オモニは

「オモニ、このままだと地味でしょ。ちょっとくらい綺麗にしてみるわ」

と、メイクボックスをごそごそとあさった。

「アイライン引いてあげるよ。そこに座ってよ」

私はオモニを座らせて、アイメイクをしてあげた。濃いブラウンのアイライン、紫色のグラデーションをつけたアイシャドウ、軽めにマスカラを塗ってからラメを乗せた。

ブラシを滑らせていると、オモニの目元がずいぶん痩せてしまったことに気づいた。

そういえばめいっぱいお化粧してる姿なんてもう何年も見ていなかったなあと思った。

私が「はい、できたよ」と言うと、「おう、サンキュー。口紅は自分で塗るわ」と言って、またメイクボックスをあさり始めた。

そんなオモニがちょっと可愛かった。

本番が近づいていた。

私は楽屋を回って、モデルさんたちの衣装をチェックした。

もちろんメンズモデルのチェックも欠かさずに（とは言え女の子たちの準備に付きっ切りだったのでメンズモデルさんたちのことは最後に簡単にチェックしただけだった……）。

舞台となる中庭の袖で、モデルさんをひとりひとりチェックして回った。襟を整え、コルムを結びなおし、安全ピンで固定し、パニエのふくらみを調整した。

ぱたぱた動く私のそばでそにが手伝ってくれた。

ふと背後に気配を感じて振り返ると、オモニが私のチマを整えてくれていた。

オモニはチマをめくりながら、「なんで꽃신（韓服用の刺しゅう入りの靴。つま先が尖っているのが特徴）なのに버선（靴下）履いてないのよ」と文句をつけてきた。でも続けて、「まあいいか。大丈夫。きれい」と言った。

やりたい放題の娘に少し呆れながらの「まあいいか」を、もう何百回聞いたことだろう。

予定調和のようなやり取りに少しほっとした。

準備が整うと同時に緊張が場を縛り始めていた。

「もう始まるね」

「人、集まってきたよ」

そんな言葉を合図に、みんな無口になっていった。誰も笑っていなかった。

「なんか、『おー！』みたいなのやりましょうか？　ね。やりましょう！」

小林さんが言った。

「そんいちゃん、お願いします」

ぽんと肩を叩かれて、なんだか元気が出た。

第5章　梅雨の晴れ間のランウェイ　061

「よし。じゃあ掛け声は『きゃわー！』でいきましょう」
と言うと、みんなが少し笑った。
「じゃあいくよ。がんばるぞー！」
「きゃわー！」
　手を挙げながら、みんなは少し恥ずかしそうに声を上げた。
　可愛い笑顔が戻って来ていた。
　けらけらと笑いあっている間に、開演の時間になっていた

　きゃわチョゴリファッションショー、開演。
　オープニングBGMは童謡「セットンチョゴリ」から朝鮮民謡「アリラン」へ。

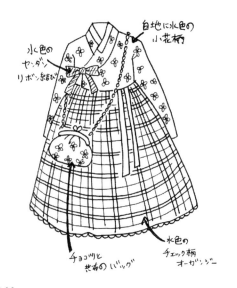

　ランウェイを最初に歩いたのは、黒いチマチョゴリ制服のモデルさんだった。50年近くもデザインを変えずに受け継がれてきて、今も使われている朝鮮学校の制服のチョゴリ。
　それは私のチョゴリの思い出、そしてチョゴリ制作の原点だ。チョゴリを着ることの喜怒哀楽のすべての色を吸収した黒いチョゴリを、ショーのオープニングに出した。
　続いて私が歩いた。
　制服チョゴリと同じく黒いチョゴリに真っ赤なチマ。伝統韓服をイメージした長いチマを着て歩いた。
　そして観客に向かって큰절（朝鮮式のおじぎ）。
　アリランのメロディに乗せて立ち上がり、ランウェイを歩いた。ゆっくりとゆっくりと。
　赤いチマが風になびいた。

　아리랑 아리랑 아라리요
　아리랑 고개로 넘어간다
　（アリラン　アリラン　アラリヨ）
　（アリラン峠を　越えて行こう）

　私の越えたい峠は何だろう。
「時代」「伝統」「民族」「抑圧」「差別」……。
　いくつもの峠が目の前にあった。
　それを、きっと越えられると信じて歩いてきた。
　その道の上にランウェイがあった。
　赤いチマは風に揺れて脚にまとわりついて私の歩くのを邪魔した。

ランウェイの端まで歩いた私はもう一度クンジョルをした。
　そこでアリランがぷつりと止まった。
　クンジョルの姿勢から立ち上がりながら、私は赤いチマを脱ぎ捨てた。
　風に舞い上がる真っ赤なチマ。
　音楽はアップテンポの曲に切り替わった。
　赤いチマの中に着ていたのは膝より短い丈の黒いチマ。ふわふわのチュールにたっぷりとギャザーを寄せて、裾には薔薇柄の金箔をあしらったチマだった。
　全身真っ黒の「リトル・ブラック・きゃわチョゴリ」。この日のために何か月もかけてデザインして縫った衣装だった。
　観客席から漂うどよめきと拍手。
　私は小さくお辞儀をして、振り向いてランウェイを戻り始めた。
　すると舞台袖にサランちゃんが立っているのが見えた。
　白と黒のストライプのチョゴリに、バルーンスカートのチマを着たサランちゃん。このショーで唯一の小学生モデルだ。
　そしてその向こうには、私の作ったチョゴリたちがずらっと並んでいた。新しい時代を象徴するように自由に着飾ったモデルたちが、緊張した顔つきで出番を待っていた。

　ここから新しい時代を始めるんだ。
　そう思った瞬間に体がふっと軽くなった。

　気が付いたら私は走り始めていた。
　もう長いチマに足を取られることもない。
　自由にどこにでも行ける。
　脱ぎ捨てた赤いチマを振り回しながら、私はランウェイを全力で走り抜けた。
　袖に控えていたサランちゃんとハイタッチを交わした。
　サランちゃんが歩き出した。
　さっきまで緊張で眉毛をハの字にしていたのに、ランウェイに立った途端きりりとかっこいい表情に変わっていた。

第5章　梅雨の晴れ間のランウェイ　063

そしてその後ろを次々とモデルたちが歩いて行った。
　ストライプ。
　チェック。
　チュール素材にデニム、レース……。
　短いチマを軽やかになびかせながら。
　表情は緊張で硬くなっていたけれど、それがまた可愛かったりもした。
　客席に向かって投げキッスをするモデル。
　華やかなターンを見せるモデル。
　はにかみながら小さなお辞儀をするモデル。
　その所作のひとつひとつが愛おしかった。

　私がランウェイで走ったのは思い付きだったものだからモデルさんたちにも驚かれてしまった。
　後になって休憩中にフサエさんから、
「ちょっと、やめてよー。走ってくるなんて駄目だよ。あんな笑顔で走ってきたら泣けるやん」
と怒られた。
　そんなフサエさんだったが、ランウェイでのパフォーマンスはかっこよく決まっていた。
　私物のトラメガを右手に持ち、風を切って颯爽と歩く姿は、街角であらゆる差別や抑圧、不条理と闘ってきたフサエさんらしいクールなアクションだった。

　メンズモデルのサンナムさんと金先生もかっこよかった。
　前宣伝から知人たちには「イケメンと元イケメン」なんて呼ばれていたし、本人たちは「おっさんモデル」を自称してもいたけれど、それぞれに衣装を自分のテイストに合わせてオリジナルに味付けして着こなしていたのには驚かされた。
　サンナムさんは紺色とチェック地のチョゴリ型ジャケットをハーフパンツとシャツの上にさらっと羽織っていた。音楽に乗って楽しそうに歩くさまはチョゴリに若者らしい軽やかさを加えてくれた。
　金先生は黒とグレーのチョゴリとサルエルパンツに赤いハイカットのスニーカーを合わせていた。

狙いすぎない大人のおしゃれとしてチョゴリを着こなす感じは、さすがだった。チョゴリを着なれていないとこういう着方は出来ないと思う。舞台袖で見ていたそにと一緒になって、「ちょい悪 아저씨（おじさん）」と名付けてみた。

それから、オモニが登場した。

正直なことを言うとオモニにモデルなんてできるのかなと心配してもいたのだけれど、私の心配をよそに、オモニは堂々とした歩きを見せてくれた。

うす紫色のシルクシャンタン素材のチョゴリに黒い花柄のチマ。チョゴリと共布の小さなバッグを体の前に持ち、オモニはゆったりと歩いていった。

しゃんと胸を張って歩く姿には貫禄も漂っていたけれど、それ以上になんとも言えない愛らしさがあった。

還暦一歩手前。チョゴリ歴は50年以上。その日のモデルの中では一番長くチョゴリを着てきた人だった。

また、チョゴリを着ることの難しさを体で感じてきた人だった。

オモニも朝鮮学校出身だ。

中学生の時からチョゴリを着て学校に通った。高校生の頃に電車の中や映画館で暴言を吐かれたことがある、と聞かせてくれたこともある。そんな経験もあって、大人になってから屋外でチョゴリを着ることはほとんどなかったそうだ。

そのオモニが、この日はお日様の下でチョゴリを着て歩いていた。

誰よりも足取りが重厚だったのは、長い長いランウェイを歩いてきたためだろうか。

オモニは朝鮮高級学校を卒業した後、そのまま朝鮮学校付属幼稚園の教諭になった。

そのため、仕事でチョゴリを着る機会は多かったと聞く。そんな時はとびきりオシャレなチョゴリを着ていたのだそうだ。

花柄や水玉、サイケデリックな幾何学模様に、レースのチョゴリ。

私はふと、オモニの古い知り合いから聞いた話を思い出した。

「そんいちゃんのオモニはね、若い頃もすごくオシャレでかわいかったのよ。ハッキョ（朝鮮学校）で働くときはいつも可愛いチョゴリを着ていたのよ」

私が学校教員になった時、オモニは自分が若い頃に着ていたチョゴリを譲ってくれた。チョゴリが嫌いだった私はそのおさがりのチョゴリにほとんど袖を通さなかった。そんな私を、オモニはどんなふうに見つめていたんだろう。そして今、私が作るチョゴリをどんな気持ちで着ているんだろう。

若いころからオシャレだったオモニは、この日もオシャレで可愛くて素敵だった。

第5章　梅雨の晴れ間のランウェイ　065

オモニの後にも、
　花柄、
　オーガンジー、
　リバティプリント、
　さわやかなピンクや水色の、ふわふわ揺れるチマがランウェイを彩る。

　最後に登場したのは、オープニングで制服チョゴリを着たモデルさんだった。
　2度目の登場。衣装は紺色とチェックのワンピース型の韓服に着替えて。

　それは、私が提案する「新しい時代の制服チョゴリ」だった。
　それと同時に登場したのは、新制服チョゴリの女の子とペアデザインのチョゴリジャケットを着たサンナムさんだった。
　朝鮮学校では長きにわたって女子生徒だけがチョゴリ制服を着てきた。……着せられてきた。
　男子生徒にも着やすいデザインのチョゴリがあれば、男女の別なく制服として民族服を着られる（本人たちが着たくなければ着なくてもいいけど）。
　そんな提案として、男女デザインの制服チョゴリを出した。
　現行の制服チョゴリから始まり、新制服チョゴリへ。その間をつなぐのは街中ファッションとして着られるきゃわチョゴリたち。
　私はこのショーを、自らの創作の原点からまだ見ぬ未来への希望までの道筋を表現するものにしたかった。
　まだまだ表現力に乏しく、完ぺきだったとは言い切れないけれども。
　それは「未来への課題」と受け止めておこうと思っている。
　この日のランウェイの先にきっと未来がある。
　立ち止まらずに歩いていきたい。
　可愛いチョゴリを着て。

　エンディングを終えて袖に戻ったら涙目のそにと目が合った。
「ありがとう。たのしかった」

声にならない声が漏れた。
ぽろぽろ涙がこぼれた。
そにが黙って抱きしめてくれた。
細い腕から温もりが伝わった。
ふと目をあげるとオモニが居た。オモニはチョゴリの袖で目頭を押さえてうつむいていた。

2度のショーを無事に上演して片づけて、何人かの友人たちやモデルさんたちと打ち上げをした。場所は十三の「あらい商店」さん。
普段からお酒が好きなオモニだけど、この日は特にたくさん飲んでいたように思える。
ショーを見に来てくれた友人たちに向かって何度も頭を下げ、モデルさんたちを「可愛かった」「かっこよかった」と褒め、幸せそうに笑っていた。
打ち上げを終えて新大阪の駅にオモニを送ろうとした時、ふと見たオモニの紙袋は空っぽになっていた。
「折り紙の人形、どうしたの？」
と聞くと、
「モデルさんたちに配ったの。今日のお礼」
と、満足そうな顔つきで答えた。
私は空っぽになったオモニの紙袋に花束を一つ差した。ショーのエンディングで貰った花束だった。
「これ、持って帰ってね。すぐに枯らしたりしないでね」と、一言添えた。
また荷物が増えるじゃないの、もう……と呟き

ながらオモニは改札を抜け、最終の新幹線に乗って帰った。
始発でやってきて、最終電車まで。
オモニの長い1日だった。

と、その直後。オモニから1通のメールが届いた。

「どうして 일본사람（イルボンサラム）（日本人）がチョゴリを着たがるんだろうね。우리（ウリ）（私たち）とはきっと理由が違う。オモニも今日一緒に歩いてみるまでは理解が出来なかった。
でもみんな可愛かった。今日はそれだけで良い。オモニはそんいを誇りに思います。そんいはチョゴリに新しい価値を作っている。

第5章　梅雨の晴れ間のランウェイ　067

ところで打ち上げでもほとんど料理を食べなかったでしょう。ホテルに帰ってからでも何か食べなさいね」

　私はホテルに戻るタクシーの中でスマホの画面を見ながらぼろぼろと泣いた。

　梅雨の晴れ間のランウェイを、私は今も鮮やかに思い出す。
　この日のショーは私がデザイナーとして迎えた初めてのショーだった。
と、同時に、私自身が持つ「チョゴリを着ることへのトラウマ」を乗り越えたことを証明するためのパフォーマンスでもあった。それは手伝いに駆けつけてくれた親友そににとっても同じことだっ

たろうと思う。
　そしてオモニにとってはより一層意味の深いものだったのではないか。
「チョーセン、チョーセン」と罵られながら生きて来た母がお日様の下で堂々とチョゴリを着て歩いたのは何年ぶりのことだったのだろう。
　そしてまた、同じくショーに出演した日本人の友人たちや学生さんたちにとっても、それぞれに意味のあるランウェイになったことと思う。
　そこを歩く人たちの抱える様々な思いや意味が、憧れや葛藤が、ランウェイの上で少しずつ重なるのを感じた。静かに、しかし華やかに、人と人の心のうねりが生まれていた。
　タイフーンのように。

# 第6章　四者四様の「チョゴリを着ること」

「きゃわチョゴリファッションショー」の翌日。

ショーを振り返る座談会を開催した。
「チョゴリを着ること」というテーマで交わされた話し合いをここに記録する。

### ❖「ファッションショー」から生まれる自然なひろがり

**そんい**　アンニョンハセヨ。そんいチョゴリというブランドでチョゴリを作っているそんい・じゅごんと申します。そんいチョゴリすべてのチョゴリを私がデザインして実際に縫っています。今日この前にいるパネラーの方々のチョゴリもすべて私がデザインして作りました。

**そに**　そにです。在日3世です。小学校から中学まで朝鮮学校に通っていたので、中学の時はチマチョゴリ制服を着て学校に通っていました。高校からは日本の学校に通っていて、いまは仕事をしています。

そんいさんとはTwitterで知り合い、彼女がチマチョゴリを作り始めた時に、かわいいなと思って作ってもらったのがきっかけで何回かオーダーして着るようになりました。

**フサエ**　フサエです。日本人です。ジュエリー制作を中心にモノづくり、せっけんを作ったり、カレーなどのカフェ営業もするアトリエStudioFATE を主宰しています。出身は東京ですが、今は大阪在住で、2014年11月の差別撤廃を訴えるパレード、東京大行進でチマチョゴリをはじめて着ました。身近にいる在日コリアンの子がチョゴリを着られない現実もあるのに、深く追い求めてきたわけでもない私が、着ていいのだろうか？　とものすごく悩みました。でもそんいさんが「気軽にかわいいものを着ていこうよ」と言ってくれて、垣根をなくしたいという趣旨や願いが伝わってきたので、勇気を出して着させてもらうことにしました。

**金**　関西学院大学の金明秀と申します。今日は司会者的な立ち位置ということで、みなさんのお話を聞いていきたいと思います。まず、昨日のファッションショーはいかがでしたか。

そに　緊張してしまって固かったと思うんですけど、ただ本当に出られてよかった。女の子たちがかわいいチョゴリを着てワイワイやってるっていうのだけでも楽しいですし、チョゴリを着るっていうことが、私や一部の在日にとっては簡単ではない状況もあって、そういう中で眺めているだけでも楽しく、嬉しかったです。

フサエ　ファッションショーというもの自体が楽しい、気軽に友達を誘いやすいものなんですよね。「みんな見に来て！」とか「参加しない？」って。
　私は近所の友達を1人、「モデルにならない？」って誘ったんですけど、彼女はデモやパレードには来たくない、って言ってた人なんです。だけどファッションショーは「ちょっとやりたいな」って。そういう友達を巻き込んで一緒に楽しむ姿を見せられたことは、「きゃわ」の力がとてつもなく大きいと感じました。

金　東京大行進もそうですけれども、運動の現場が出会いのプラットフォームみたいになっているところありますよね。そこに集まった人たちがつながりあって、様々な社会問題に関わっている人たちが連帯したり、いろんなマイノリティを勇気づけたりする関係が生まれる場面をたくさん見てきた気がします。
　ところで、僕も東京大行進には1着だけ持っているパジチョゴリを着て参加しました。男だって民族衣装を着たいという素直な気持ちもありましたが、それと同時に、女性だけを見世物にする形にしてはいけないと思ったためでもあります。
　民族衣装というのはどうしてもジェンダーとの関係が出てきます。というのは、世界が近代化していくとき、男性は早く西洋化しなければ一人前として扱ってもらえないという状況がありましたので、男性の民族衣装は多くの国や地域であっという間に廃れてしまい

ました。逆に、女性の場合は一人前であることを期待されない性差別の構図があったからこそ、民族衣装を着ることが許されてきたし、時には見世物として利用されてきたわけです。

　女性だけを見世物にしたりしないためには、男性にもちゃんとかっこよく着られる民族衣装のデザインが存在するということを、目に見える形で示すことは非常に大事なことだと思います。昨日のショーでその大切なプロセスに、僕自身が参加できたことをとても光栄に感じています。もっとも、ただ歩くだけなのにあんなに緊張するものかと思いましたけれど。（笑）

そんい　私は朝鮮学校の付属幼稚園から朝鮮大学校まで、17年間朝鮮学校の中で育ちました。そのため私自身も毎日チョゴリを着ていたし、チョゴリを着た友達がそばにいることが当たり前の日常でした。ただ、チョゴリをみんなで着て外を歩く、という経験は高校以来ずっとありませんでした。

　そうした中で、2014年東京大行進ではみんなでチョゴリを着て歩くことが実現しました。チョゴリをただ着るということではなく、大好きな友達とか仲間とみんなで集団で着る、それで外を歩くということが十何年ぶりのことで、大行進の前日は興奮して眠れないくらい本当に嬉しかったのを覚えています。当日はとにかく何をしてもチョゴリ姿の友達がす

ぐそばにいて、それも集団で一緒に歩いているっていう感動はものすごく大きかったんですね。

　そういう感動を昨日はランウェイの上で再現しました。今回リバティおおさかの中庭をランウェイにしたんですけど、屋外にこだわりたい理由として、お日様の下でチョゴリを着る、それも1人じゃなくてみんなで一緒にチョゴリを着て歩きたい、という思いがあったんです。

　また、昨日は私の母もモデルとして参加しました。母にとってもチョゴリを着て外を歩ける、それもあれだけの人に注目されながら歩くっていうのは、何十年ぶりのことだったと思います。そういう時間を母にプレゼントできたことは大きな喜びになりました。

## ❖チョゴリを着るそれぞれの個人史

そに　中級の時は制服を着て3年間学校に通ってたんです。大人になった感じがするのか、民族の象徴みたいなものが着れるっていうのが嬉しいのか、チマチョゴリ制服に憧れる人も結構いました。でも私自身はあまり強い憧れもなかったし感慨もなくて、日常的に制服として着ていた感じだったんです。

　ただ私は少し遠い学校で電車とスクールバスに乗って1時間くらいかけて学校に通ってたんですけど、あの……、外を歩くとやっぱりちょっと注目される感じはしました。日常

的に嫌がらせをされるとかそういうのはほとんどなかったんです。でもやっぱり記憶をたどってみると、友人と帰り道に駅で歩いていた時に、知らない男子高校生らしき集団から暴言をはかれたりとか、あと、噛んでたガムをはきかけられたりしたこともありました。

　私がチマチョゴリ制服を着ていた1990年代の後半くらいは、北朝鮮ミサイル報道があった時期で、そういうニュースが流れるとチョゴリの切り裂き事件も発生していました。報道があった次の日は、標的にされる可能性があって危ないからということで、女子はジャージに着替えて通ってくださいと連絡網がまわってきたのを覚えています。

　高校からは自分の意志と、親もわりと賛成してくれたのもあって日本の学校に行きました。理由は、朝鮮学校の教育内容に反発を覚えたり、上下関係や先生が厳しいことや、あまり好きじゃないところも結構でてきたこと、ひとクラス十数人くらいで人間関係が狭いこと、当時は大検を受けないと日本の大学に入れなかったことなどです。

　それ以来は当然チョゴリ制服などもないですから、着る機会もほとんどなくなっていった。自分から着たいという感覚もほとんどなくて、どちらかというと日本の学校に行ってからは今までの朝鮮学校への反発や、民族的なものからは距離をおきたいという気持ちもありました。

　でも、母の勧めもあったりして、姉が着てたチョゴリを着て成人式に出ました。私はそれほど着たくない、スーツがいいと思ったりしていたんですけど。成人式では女性はチョゴリを着る人も多いです。着て出てみると、きれいだねとか言ってもらえたのがすごく嬉しかった。もしかしたら、そこで少し民族的なもの、チョゴリみたいなものにまた触れたいなという気持ちが芽生えたかもしれません。

　それ以外では、チョゴリとの接点は日常的にはなかったです。民族的なものに触れる機会があるどころか、私が大学生だった時期は、インターネット、特に２ちゃんねるなんかを見ると、酷く差別的な発言が渦巻いていました。そういうものをシャワーのように浴びる中で、自分が朝鮮学校で抱いていた不満と、インターネットの中の酷い朝鮮学校バッシングとが結びついてしまって、朝鮮人や朝鮮学校にも悪いところがあるから差別されたりするんじゃないか、という思いが芽生えてしまいました。そういうものを目にするまでは、自分が朝鮮人であることを忌避することはなかったんですけど、日に日に嫌悪感が芽生えてしまって、悩んだ時期がありました。

　自分なりに悩みを解消したかったのもあって、大学のゼミで日本のマイノリティに関することを勉強できるゼミに入っていろいろ勉強する中で、わざわざ真に受ける必要はないんだっていうのはだんだん気づいてきて、い

い先生や友人との出会いもあったので、そういう嫌な気持ちがだんだん薄れてきた。

大学の卒業式の時は自分からチョゴリを着たいなと思って着ました。親も喜んでくれて韓国で作ってくれました。私は日本の大学なので基本的にみんな袴を着ていて、チョゴリだったのはたぶん私だけ。みんな、いい意味で注目してくれて「一緒に写真撮りたい」とか知らない人が言ってくれたりとか、すごい嬉しかったです。

ただ、式典で着るチョゴリみたいなものしか着たことがなくて、そんいさんとTwitterで出会ってからチョゴリの話もするようになって、そんいさんが作ったり着たりしている日常的なチョゴリに興味を持ちました。

私の中でチョゴリって言ったら式典で着るチョゴリか自分が着てた制服のチョゴリか、あるいはその時先生方が着ていたものか、あまりかわいくない、デザイン的には古い感じのチョゴリしか見たことがなく、チョゴリってこういう風に自由にデザインして着ることが出来るんだっていうのを知ったのは、私にとって結構衝撃的だったんです。

**そんい** 私も日常的にチョゴリを着ていますが、やっぱり外を歩くときはまだちょっと緊張してしまいますね。電車に乗るときなんかは特にドキドキする。だからカーディガンで隠してしまったりするんですけど、それでも着た

いなと思っています。私がチョゴリを着ることで周りの人が「なんだろう、これ？」って興味を持って見てくれればいいなって思っています。

**金** 距離感を感じていた自分のルーツに、チョゴリをきっかけに出会い直したということですね。衣装は身にまとうものですので、自分らしさみたいな意味を込めやすいといいますか、衣装を通じてよりアイデンティティとの向き合い方みたいなのがはっきりするかもしれないですね。

日常でチョゴリを着るための方法として、きゃわチョゴリを作ったというお話でしたけれども、民族衣装としての位置づけだけじゃなく、現代のファッションのひとつとして、きゃわチョゴリに込めた思いのようなものはありますか。

## ✤ファッションとしてのチョゴリ

**そんい** 今の朝鮮学校の子どもたちのことを少し話そうと思います。じつは朝鮮学校で、チマチョゴリ制服で通学した女子生徒としては、たぶん私やそにが最後の世代だと思うんです。

私たちが中高生の頃にも日朝関係の情勢が危うくなるたびに体操服での通学や集団登下校で生徒の身の安全を確保するのが当たり前になっていました。その中で、「第2制服」というものが生まれたんですね。今は全国の朝

鮮学校で、この第2制服が活用されています。ブレザーにチェックのスカート、ブラウスとリボンというデザイン。もうそれを着てしまえば日本の学校の中学生とか高校生とあまり変わらなく見える。第2制服を着れば「チョゴリ」を理由に、あるいは「朝鮮学校生」という理由で理不尽な攻撃を受けるリスクを抑えられます。女子生徒たちはこれを着て学校に登校して、学校の更衣室でチョゴリに着替えて授業を受けるという形です。私も朝鮮学校教員として子どもたちにそのように指導してきました。

「チマチョゴリ襲撃事件」とも呼ばれるいくつかの悲しい出来事の中で、チョゴリの代わりに洋服を着せて、暫定的に「第2制服」という名前でこれを使っています。

そこからもう1歩抜け出してチョゴリにも代わる、また第2制服にも代わる、でも朝鮮学校らしさというか民族的なものを残した何かが作れないかなというのは、私が学校で子供達と接したり、実際に自分がチョゴリを着て歩いたりしながら考えたことの1つでもあります。

学校制服らしくありながらなおかつ民族的な味わいのある衣服。

そういうものを作りださなくては、と何かに追い立てられるようにデザインして作っています。

そういう時、「洋服とチョゴリとの境目」というか、そのきわを攻めるイメージで作っています。あまり洋服っぽくなりすぎるとぱっと見でチョゴリってわからないだろうし、でも元のチマチョゴリとか韓服の形をそのまま残してしまっても、日本の街並みの中で違和感が大きすぎるんじゃないかと。「少しの違和感」が面白かったりもするんですけどね。そのギリギリのラインを攻めていくっていうのが今のテーマでもあります。

そんな考え方で朝鮮学校の制服チョゴリに変わるものをデザインしていきたいなと思っているところです。

例えば今回のショーでもいくつかお見せしたものですが、チョゴリとチマの部分がつながった形のワンピース。これ一見ただの洋服のワンピースにも見えるんですが、首元をチョゴリの衿の形にデザインしました。着やすいワンピースなのにちゃんとチョゴリっぽいところがお気に入りの1着です。

　チョゴリっぽさを出したいっていうのをいろんな形で表現しています。

　いま一番こだわるのは상박하후（上薄下厚）<sup>サンバッハフ</sup>というシルエットです。これは上が薄くて下が厚いという漢字をあてます。上衣がタイトで下衣にボリュームが出るシルエットのことです。チョゴリがピタッとタイトで胸の下からチマがふわっと膨らむデザインというのは朝鮮王朝時代に流行ったシルエットなんですね。チマチョゴリも時代によって好まれるデザインはどんどん変わってくるんだけど、私が思うチマチョゴリのかわいらしさって、このシルエットにあるんじゃないかなと思っています。だからどのチョゴリもそのシルエットを活かすように作っているんです。

　今日着ているものもそうなんだけど、下がしっかり膨らむように中にスカートが二枚重なるようにして、腰はしっかりタイトに見せるようにしました。既存のチマチョゴリの型とは違うけど、こうしたデザインの「肝」のとこをしっかり表現しながら攻めていきたいなと思っています。

　あと、メンズのチョゴリは今まだまだ勉強中です。

　朝鮮学校の生徒も男の子はチョゴリ着ないんですね。もともと学ラン制服で、近年はブレザーに変わりました。でも男の子が韓服を着てもいいんじゃないかなとか、もっと言っちゃうと男の子がチマチョゴリ着ててもおかしくないし、女の子がパジチョゴリの制服を着ててもおかしくないし、とかも考えたりしてるんですよね。

　この写真は学校制服の上にチョゴリ型ジャケットを羽織らせてみたものです。モデルになった生徒の男の子は気に入ったみたいで「これならかっこいし着やすいから、着てもいいな」って言ってくれました。でもこれもまだまだ、ただ素材を工夫したというだけで、形は従来のチョゴリの形と全く変わっていないんです。

　今日、金先生に着て頂いている男性用の韓服セットアップはいろいろ工夫を凝らしたデザインになっています。でもまだまだスタイリッシュなものには程遠いという感じがするんですね。だからまだまだ勉強が必要です。

　朝鮮学校の中でも、さっき言ったみたいに女性にだけ民族衣装を着せるという流れを変えていきたい。そのために今のブレザー制服に代わりチマチョゴリ制服にも代わる男の子でも女の子でも着られるチョゴリ風のデザイン、「きゃわチョゴリ制服」的なのをデザイン

第6章　四者四様の「チョゴリを着ること」　075

していくのも私が持っている1つの目標です。そこにいくためにも、まずはこういう「カジュアルな韓服」が街中に溢れていくといいな、という別のアプローチもあり。そういう風に日々考えています。

金　たぶん、伝統や非日常に囲い込まれていたかわいそうなチョゴリを日常に解放してあげたい。それによって自分自身も解放されたい。それを実現するためにスタイリッシュなデザインを実践するんだ、というお話だと思いますが、逆に言えばチョゴリは疎外されてきたということですよね。日本社会からの疎外の対象にもなりうるし、一方晴れ着の位置に据え置かれてしまって日常から疎外されているようなところもある。その疎外された状況を解き放ってあげるというとき、手作りするということの意味がきっと大きいのではないかと思います。フサエさんがモノ作りにこだわってこられたのも、規格化された工業製品による疎外に向き合おうとしてきたということだったりしませんか。

フサエ　モノ作りって、そんな大げさなこととと身構えてはいなくて、例えば料理1つだとしても、何かを生み出していく過程って自分自身が出来上がる『モノ』に映り込むというか、自分自身と向き合わされる貴重な時間なので、楽しくもしんどい作業だと思うんですね。でもその出来上がった『モノ』を通じて、さらに自分がこうしていきたいという目標が見えたり、モノを媒体として、多くの人と関われることがモノ作りの醍醐味というか、貴重だなと思っています。

そんい　私たち作り手が作ったモノはただのモノでしかないんだけど、それを実際に手にして使う人たちが、そのモノに命を吹き込んでくれているいるっていうか。
　私は「作り手」なのでモノを作ってお届け

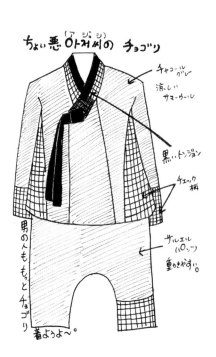

するところまでが仕事なんですよね。でも今日みたいに、私が作った服をフサエさんが着てくれたり、そにが着て出かけてくれることで、また別の方が「かわいいチョゴリを先日見かけたんですけど」って連絡をくれたりします。私は服を作って着る人のところにお届けするまでしかできないけど、着た人が街中を歩いたりいろんなアクションをすることで世の中に刺激を与えるんだと思います。

　私の作る服そのものに何かパワーがあるわけじゃなくて、これを着る人たちにパワーがあるんだなあって。

　たぶん2014年の東京大行進もそういうアクションの1つだったと思うし、実際に着て歩いてもらう、着て写真を撮ってもらうというアクションを通して世の中が動いていく感覚をじわじわとこの半年間感じてきました。

### ❖これからのきゃわチョゴリ

金　最後に今後のきゃわチョゴリについて、そんいさん、どのようにお考えですか。

そんい　目標は六本木あたりにチョゴリビルを建てることですね。1階は量販店で2階はオーダーメイドのサロン、3階には社員食堂を設けようかなと……。

　いつかはファッション誌『VOGUE』の表紙を飾りたいとか、夢はいっぱい持ってます。

　でもさっき言ったみたいな「クローゼット

をぱっとあけて、今日は天気いいからチョゴリにしようかな」とか、「今日はデートだから短いチマを着ようかな」とか、クローゼットの中から気軽にチョゴリを選んで着られる、それも別に在日コリアンとか朝鮮・韓国人とかだけじゃなく、日本の人のクローゼットにも1枚くらいはチョゴリがある、そんな世の中になっていったら素敵だなと思います。

　もちろんそのために越えていかなければならないハードルがたくさんあります。私自身の技術も上げていきたいし、社会全体が越えなきゃいけないハードルもいっぱいあるんです。

　そういうものもきちんと1つずつ乗り越えていった上で、誰でもチョゴリを気軽に着られる、そんな世の中になっていくといいなって。

　もう1つ、私は今ひとりで韓服を作っていて、これが本当に大変なんですね。1人で相当頑張っても1ヶ月に10着作るのが精一杯です。このペースをずっと続けていくのは無理だから、作り手を増やしていきたいということも考えているところです。

　私の下で一緒に作っていってくれる人を増やしていくのも大事なんですけども、もっと若い世代が私のチョゴリを真似して、真似といってもコピーではなく、彼女、彼らも新しいテイストを加えながら広まっていくのも1つの理想。

　質、量的な向上が「きゃわチョゴリ運動」

をより高いステージに引き上げていくと思います。

　それが20年か30年たったらさっき言った理想的な状況「クローゼットを開けたら誰でもチョゴリ持ってます」みたいなことがきっと実現されていく。それを実現するために私がしなければならないことはものすごく多いんですね。

　１年前にチョゴリをつくり始めた時にたぶん私はやっと種を植えたところだったと思うんです。2014年の東京大行進までに小さな芽がでて、育って、小さな花をたくさん咲かせながら大きくなって、昨日は大きな大きな花が咲いたと思っています。

　次に私がやることは、実をつけることだと思ってるし、実がついたあとはそこから新しい種を植えていくことだと思っています。

　だから私の仕事もまだまだ始まったばっかりで、この先どんどん広がりを見ていくと思っています。

（2015年６月14日収録）

**金明秀**（きむ・みょんす）　関西学院大学教授。1968年、福岡県生まれ。専門は計量社会学。研究対象はナショナリズム、エスニシティ、差別問題、社会階層など。著書に『在日韓国人青年の生活と意識』（東京大学出版会）など。

**そに**　1984年生まれ。在日３世。小中と朝鮮学校に通学。現在、会社員。

**Fusae**（ふさえ）　1970年東京生まれ、大阪在住。Studio FATE主宰。SADL（民主主義と生活を守る有志）／TwitNoNukes大阪crew。

# 第7章　きゃわチョゴリを着て、明日へ

　私にとってチョゴリは長い間「着たいようには着られない服」だった。
　ただ着て歩くだけでも攻撃されるかもしれないという恐怖をまとい、また朝鮮学校の生徒という看板をまとわされる服だったからだ。
好きでも嫌いでもない。それでも制服だから仕方なく着る。
　大事に着ていたわけでもなかった。
　チョゴリを無理矢理着せようとする大人たちへの反抗として、わざと着崩してもいた。
　でも今はあの頃を思い返しながら、それすらも、私なりの「チョゴリを着ること」への意思表示となっていたことに気づかされている。

　高校生の頃の私は制服チョゴリのチマを膝より短いミニスカートにしてルーズソックスを合わせていた。白と紺のスタジャンを羽織って、水色のリュックを背負って、足にはバナナ色のジャックパーセル。
　そんな風に着崩すことでチョゴリを「チョゴリっぽくなく」見せていた。
それは自衛のためでもあったし、ちょっとした見栄でもあった。

　街中や電車の中で見かける日本の高校生たちの制服にはかわいいものが多くてうらやましかった。
　きれいな色のリボン。
　チェックのプリーツスカート。
　私は着たことのないブレザーやセーラー服のいでたちになんとなく憧れていた。
　そんな日本の高校生スタイルに対抗するように、少しでも可愛く見せたくてあれこれ工夫をしていた。

079

大人たちの目にはそれが滑稽でだらしなく見えていたのだろう。

それに、どんなに改造してもチョゴリはチョゴリにしか見えなかった。

あの頃は抜き打ちで実施される服装検査が怖かった。

服装検査では女性教員が定規を持って待ち構えていて、女子生徒たちを1列に並べて1人1人チマの長さを測っていく。

ひざ下7㎝。

校則が規定する長さだ。これより短いとアウト。

規定よりも明らかに短かったりすると定規でふくらはぎをペチンと叩かれた。

何度痛い思いをしたことか……。自業自得だけど。

でも、どんなに痛い思いを繰り返しても、チョゴリは着たいように着ていた。

休日の部活帰りにミニスカートのチョゴリ制服のまま遊びに行くこともあった。

チョゴリを着て歩くことで暴言を吐かれたことも1度や2度ではなかった。

栄の大通りを友達と歩いていて酔っ払いに「おい朝鮮人」と怒鳴られたこともあった。その瞬間は威勢よく「うるさい！」と言い返して逃げたけど、その後パルコのトイレで2人して泣いた。「くやしい、くやしい」と言って泣いた。

後日学校で先生にこのことを話したら、

「チョゴリで繁華街をうろつくなんて、みっともない」

と、怒られた。

「うろつくのが悪いんですか。チョゴリがいけないんですか。じゃあチョゴリなんか着せなきゃいいのに」

と食ってかかって余計に怒られた。

「あなたたちはチョゴリを着て歩くことで朝鮮学校の看板を背負っているの。だから着こなしも行動も美しくしなさい」

そんな言葉をかけられると、くやしさとともに息苦しさを感じた。

大嫌いだったチョゴリ。

でも本当に嫌いだったのは「着たいものを着たいように着られないこと」だったのかもしれない。

あの頃は、チョゴリ制服を改造して着ることでしか自分を守れなかったし、気持ちを表現できなかった。

子供っぽい反抗でしかなかった。

でも私にとってはそんな経験がチョゴリをより「特別な服」に仕立てたのかもしれない。


衣服の役割。

チョゴリを着ることの意味。


チョゴリは伝統服だからきちんと着なさいとか。

チョゴリを着ることは朝鮮学校の看板を背負うようなものだからちゃんとしてなさいとか。

チョゴリを着て歩くことで向けられる街中の冷たい視線とか。

ある時は暴言を吐かれたり殴られたり。

成人式や結婚式で着る「きれいなチョゴリ」はもっと嫌いだった。

　きれいなチョゴリを着る時、「女性は美しくあるべき」という価値観までも着せられるような気がしていたからだ。

　私は今からちょうど10年前に結婚した。結婚式の日、心の奥がむずがゆくなるのを堪えながら伝統韓服を着たのを覚えている。似合いもしない赤い口紅を塗られ、髪をきつく結い上げられて、鏡に映る自分は、どんどん「美しい女性」になっていった。そこに映るのは、バイクを乗り回すのが好きで大酒のみで、いつも歯茎まで丸出しで大笑いしている自分とは違う「お人形のような花嫁さん」だった（結婚式では歯を見せて笑うなと注意されていたのだ）。

　それは、私じゃなかった。
　チョゴリが重たく感じた。

　私に着せられるチョゴリにはいろんな錘（おもり）がつながっていてた。

　伝統という錘。
　歴史と言う錘。
　象徴という錘。
　差別という錘。
　抑圧という錘。
　記号という錘。
　「女性らしさ」という錘。

　チョゴリを作り始めて間もない頃から、チョゴリにぶら下がった錘をはずしてしまって、「可愛いね」「きれいだね」と素直に思える服を作りたいという目標を持つようになっていた。

　チョゴリにつながった様々な錘を外してしまって、その可愛さを素直に受け止めたい。

　そんな気持ちで続けてきたチョゴリ制作だった。

　それなのに作れば作るほど私の気持ちは「チョゴリを着ることの意味」に捉われて、ますます重たくなっていくような気がしている。

婚礼衣装。「お人形みたいな花ヨメさん」

第7章　きゃわチョゴリを着て、明日へ　081

初めてのファッションショーを無事にやり遂げてからも休むことなく制作の日々が続いている。

　より多くの人の手にチョゴリを届けたい。より新しいものを創り出したい。

　そんな思いで毎日チョゴリを制作している。

　いつの間にかデザイン帳は5冊ばかりに増えた。家事の合間に、移動の電車の中で、バイトの休憩中に、夜中に布団の中で、思いつくたびにメモしているうちにそんな数になってしまった。ほとんど落書きのようなデザイン画ばかりだけれど。

　アトリエには3台のミシンが入り、道具箱の中には100色近い糸巻きが並び、生地のストックは増えたり減ったりを以前より速いペースで繰り返している。

　私はアトリエに引きこもって、体中に糸くずをつけて、切っては縫い切っては縫いの日々を送っている。


　そんな中で毎日たくさんの出会いがある。

　娘さんとお揃いのチョゴリを着てお出かけをしたいという在日コリアンの女性。

　日本人との国際結婚で、相手のご両親に反対されながらもチョゴリを着て式を挙げる決意をしたコリアン女性。

　韓国の学生たちとの交流イベントにチョゴリで出かけたいという日本人高校生。

　朝鮮学校に通っていた頃を思い出しながらチョゴリを懐かしみ、また街中で着てみたいという在日コリアンの女の子。

　K-popを愛し、そこから「嫌韓」やヘイトスピーチとの闘いを始めて、その意思の表現としてチョゴリを着たいという日本人の女の子……。


　チョゴリの注文を受けるとき、必ずと言って良いほど「チョゴリにまつわる話」と出会う。

　注文主の思いはさまざまだが、お話を聞くたびに「衣服」の意味を思い知らされる。

　人は皆、自分の内面の何かを表したり、または隠したりするために、衣服を着る。

　チョゴリを着る時はその意識がいっそう高まるのだろう。それが民族衣装であるから、また、民族衣装をまとうことが在日コリアンの生の表現に関わるから、か。

　ある人は在日コリアンであることを表現するためにチョゴリを着る。

　ある人はチョゴリを着ることで、コリアンとしてのアイデンティティーを取り戻そうとする。

　ある人は伝統の継承のためにチョゴリを着る。

　ある人はコリアンとしての自分と向き合うためにチョゴリを着るし、差別や抑圧と真っ向から闘うためにチョゴリを着る。

　ある人はチョゴリを着ることが友好の証だと言う。

　ある人は、コリアンの複雑な思いを共有するためにチョゴリを着る。

　ある人は、ただ可愛いものが好きでチョゴリを着る。

　ある人は憧れを実現するのだと言ってチョゴリを着る。

今はそうした「チョゴリを着ることの意味」との出会いの数々が、私に新しいものを作る力をくれる。

　2015年10月。
　私は熊本県のとある街を訪ねた。
　そこに、会いたい人がいたからだ。

「クローゼットを開けたらいつもチョゴリがかかっていました。かかったままのチョゴリが私にはもったいなく思えました。……それを取り出して、着て出かけることが私には当たり前のことに思えたんです」

　私が訪ねたのは在日コリアンの大学生だった。
　10代の若い女の子。
　彼女は大学に、チマチョゴリを着て通っている。

　出会いのきっかけは、彼女のオモニからの注文メールだった。
「娘が大学にチョゴリを着て通っています。高校の頃の制服を着て出かけるので、洗い替えの事も考えて1枚作ってやりたいです」
　そんなメールから、出会いが始まった。
　東京の小平市にある朝鮮大学校の学生ではなく、熊本の大学に通う大学生（東京の朝鮮大学校では女子学生に制服としてチマチョゴリを着せている）。
　そんな子が、なぜチョゴリを着て通っているんだろう……。
　興味が湧いたことは言うまでも無い。
　彼女に届けるチョゴリを作る間、そのことが頭から離れなかった。
　会ったことのない女の子の可愛いチョゴリ姿を、何度も何度も頭に思い浮かべてみた。
　8月の上旬。
　やっと出来上がったチョゴリを梱包して出荷すると同時に、そのチョゴリを着る大学生ご本人から連絡をいただいた。
「高校の頃の制服を着ていく私を見て、オモニがチョゴリを注文してくれました。……オモニ本人

第7章　きゃわチョゴリを着て、明日へ　083

には言えないんだけど、本当はすごく嬉しいんです」

そのひと言を読んで、彼女に会いに行くことを決めた。

私にとって初めての熊本でもあった。

これまでも1度も熊本の在日同胞と知り合う機会が無かったせいもあり、私にとって熊本は「知らない土地」だった。

さすがに、何処にあるかくらいは知っていたけれども。

特急と新幹線を乗り継ぎ、5時間ばかり。

熊本は、福井からはずいぶん遠い場所だった。

知り合いらしい知り合いもいない遠くの土地まで私を導いたのは「チョゴリの話が聞きたい」という、ただその思い1つだった。

彼女と会ったのは、彼女のご両親が営む飲食店だった。

彼女は私が8月に作ってお届けした花柄のチョゴリワンピースにピンク色のスウェットパーカーを重ねた可愛らしいコーディネートで私を迎えてくれた。

「どうしてチョゴリを着て大学に通っているのですか？」
という私の質問から話が始まった。

彼女はためらいなく、強い目をこちらに向けながら、しっかりとした口調で話した。

——朝鮮高校時代に1度だけチョゴリを着て学校の外に出たことがあります。

朝鮮高校への「高校無償化」適用を求める街頭署名運動に出たときのことです。チョゴリ制服を着て出れば朝鮮学校の存在をより強くアピールできると思ったからです。

けれどもその時、先生たちにひどく怒られました。なぜ怒られたのかは、もちろん理解できていました。チョゴリを着て外を歩くのが「危険」だということ。まだ高校生の私には危険から身を守るすべが無いこと。それを心配して先生たちが怒ってくれたのだということは分かりました。

でも私にはそれが理不尽だと思えたのです。どうして、チョゴリを着てはいけないの？と……。

——3月に福岡の朝鮮高校を卒業して4月にこちらの大学に入学しました。大学に通い始めて何週間か経った頃、ふとクローゼットを開けたらそこにチョゴリがかかっていました。それを着て出かけることが私には当たり前のことに思えたんです。

チョゴリを着ることは「当たり前のこと」と話す彼女。

けれども高校生の頃までの彼女にとってチョゴリは、学校行事の日にだけ着る「特別な服」に位置づけられていたという。

私から、続けて質問を投げた。
「チョゴリを着て大学に行くことで、なにか変化はありましたか？　周りの反応とか、自分自身の気持ちとか」

――大学の友達からは、「えっ、何それ？」とか「なんでそれを着ているの？」という反応が返ってきました。
わたしは「着たいから着る」と答えていました。
チョゴリを着ている私を、みんな興味を持って見ているようでした。
チョゴリを着て歩くことで私は私が朝鮮人であることを痛感します。
朝鮮人だからチョゴリを着るのは当たり前のことだと思うんです。
でも着ていると「なぜあなたはそれ（チョゴリ）を着ているの？」という言葉を受けたり、家族からは「チョゴリを着て外を歩くのは危ないからやめなさい」と言われたりもしました。
当たり前のつもりで着ているのに、どうしてそれが許されない世の中なんだろうと思いながら、それでも着て歩いています。

彼女の話を聞きながら私は別の友人の言葉を思い出していた。
その友人は私より７つも年上の在日コリアン男性だ。

彼はよくこんなことを言っていた。
「俺が街を歩いていても誰も俺を朝鮮人だとは思わない。朝鮮人は目が赤いとか、髪が緑色だとか、肌の色が違うとか、何か１つでも見た目で分かるような特徴があればすれ違う人たちは俺を朝鮮人と知るだろうに。でも俺にはそんな特徴が１つもない。黙っていれば日本人に見えるだろう。俺の姿は日本人の波の中に埋もれてしまう」「だから俺は黙らない。俺は朝鮮人だ、それがどうした、と大声で言う」
鶴橋の街に響き渡るヘイトスピーチに対峙する「カウンター」の一員である彼は、その現場でいつもそうしていた。
「俺は朝鮮人だ」と叫んでいた。

なぜだか、熊本の若い大学生の話を聞きながら、私は友人の顔を思い浮かべていた。
私には２人の言うことが、同じ物語に聞こえていた。

第7章　きゃわチョゴリを着て、明日へ　085

朝鮮学校生の頃、チョゴリを着て歩く私には街の視線が痛かった。時にはひどい言葉を投げつけられて傷ついた。

　学校教員として働いていたころ、私がチョゴリを着て歩くと道行く人たちは私に会釈して、顔見知りになると朝鮮学校との思い出やそこに関わった頃の昔話を聞かせてくれた。朝鮮学校の状況に関心を示したりもしたし、「チョゴリってきれいね」と、優しい声をかけてくれたりもした。

　傷つくことも、嬉しいこともあった。

　それはチョゴリが私を「朝鮮人」に見せていたからなんだと思う。

　熊本の彼女はチョゴリを着て歩くことで「どうしてそれを着ているの？」「あなたは誰なの？」と問われたという。

　そして彼女は、「だって、私は朝鮮人だから」と、心の中で自答したという。

　チョゴリを着ることは彼女にとって、目の色が黒いのと同じくらいに「当たり前のこと」なのだ。その「当たり前」を、ごく自然に表現したいだけだった。

　自分にとっての「当たり前」を、「当たり前のまま許してはくれない世の中」で、それでも果敢に表現しているように思えた。

　ここに、「朝鮮人として生きようとする私」が居る。

　私を見ろ。

　私は生きているんだ。

　声もなくそう叫んでいるようだった。

　チョゴリを着ることは「赤い目や緑色の髪」の代わり。また「俺は朝鮮人だ」と言う言葉の代わりだった。

──チョゴリを着ると私も自分が朝鮮人だということを自覚します。

　日本で生まれ育った私を見て本国（韓国）から来たひとの中には「日本で生まれたのだからあなたは日本人。韓国語も充分に話せないのだし」と言う人もいます。それが悔しかったり悲しかったりもします。誰が何といっても私は朝鮮人なのに。

　私は私が朝鮮人だということを確認したいのです。

　そのためにチョゴリを着ているのかもしれません。

　私は最後に、
「これからもチョゴリを着ますか？」
と問うた。

──はい。着ます。

　こんなに可愛いチョゴリを着られるのが本当にうれしいんです。

　そんいさんが作ってくれたチョゴリ、これからも大切に着ます。私の思いを表現しな

がら、着続けます。

　まっすぐに私を見つめながら話す彼女の声には緊張と興奮と、強い意志がこもっていた。

　朝鮮人であることを自覚し、確認し、表現するために着るチョゴリ。
　1枚の衣服を複雑な思いで染め上げてまとう10代の女の子の言葉が、しみじみと、私の胸に響いた。

「そんいさんはどうしてチョゴリを作り始めたんですか？」
　インタビューの後に、彼女からそう聞かれた。
　私は鶴橋でチョゴリを作った親友の話を、それから中学校の頃のつらい思い出を、まとまりもないままに話して聞かせた。

「私はチョゴリを特別なものじゃない服にしたいなあと思っています。クローゼットの中にほかの洋服と一緒に並べる服。ちょっとそこまでのお出かけに着て行けちゃう服。朝鮮人だからとか日本人だからとか考えないで、着たい人が着たいときに自由に着られるようになったら最高だなって思うの。それは、10年先になるか20年先になるか分からない。そのとき私、ハルモニ（おばあちゃん）になっているかもしれないけどね」
　10代の若い女の子が、あはは、と笑った。
　私もつられて笑った。

　彼女の胸でコルムがゆらゆら揺れていた。

　2014年の反差別東京大行進での「きゃわチョゴリ隊」の話に戻る。
　これには当日を挟んで前後にいくつかの議論が起こった。
　「日本人がチョゴリを着てもいいの？」ということが主なテーマだった。
　きゃわチョゴリ隊に参加した女の子たちも当日を迎えるまで悩んでいた。それは路上の差別と闘う「カウンター」として活動してきた彼女たちだからこその悩みだったことだろう。
　街角の差別に押される形で街から消えたチマチョゴリ。それを日本人である自分たちが着てもいいのか。自分たちよりも先にこれを着なくてはならない人たちがいるはずなのに……と。
　東京大行進が近づく日の中で、そんな連絡をいくつも貰った。
　その悩みと迷いを乗り越えさせたのはやっぱり「可愛いものを着たい！」という素直な思いだったのだと思う。

　東京大行進を迎える前に呟いた私のツイートを引用しておくことにする。

「きゃわチョゴリ隊で歩くことがほんとにほんとに嬉しい。何がそんなに嬉しいのかな、って自分でも疑問だったんだけど、やっとわかった。チョゴリ着て集団で歩くのなんて高校生の頃以来やっ

第7章　きゃわチョゴリを着て、明日へ　087

てないからだ」「高校生の頃は制服チョゴリを着て友だちと並んで歩いたし、そのまま何処にでも遊びに行った。ゆずのコンサートとかにもチョゴリで行った。でもじんわりとした恐怖とか不安とかを抱えながら、ある意味では虚勢を張るためにチョゴリを着ていたのだと思う。だからいつも群れていた」「でも今回は虚勢を張るために着るチョゴリじゃなくて、不安を打ち消すために群れるんじゃなくて、可愛いから着るチョゴリなの。楽しむために群れるの。」（2014年10月27日）

　私自身もチョゴリを日本人に着せることへの複雑な思いを、きゃわチョゴリ隊のメンバーたちの「可愛いから着たい」という素直な言葉で乗り越えたような気もする。

　「可愛いからいいじゃん」と言葉にしてしまうと軽く感じるかもしれない。
　でもあの日、軽い気持ちでチョゴリを着た人は1人もいなかった。

　きゃわチョゴリ隊に参加した友人と、当日は参加できなかったが同じ気持ちでチョゴリを着てくれている友人のツイートを紹介しよう。

　「きゃわチョゴリ、素晴らしいなあ。ナショナリティとしてのチョゴリではなく、単にかわいいから自由に着られる未来へ。No Hate!!!!!!」（KAYA KIMさん：2014年11月2日）

　　　　＊　　＊　　＊

「きゃわチョゴリをかわいいと思って、その作者のそんいちゃんとツイッターで出会った。私がチョゴリを着てたら、人はきっと私を朝鮮人だと思う。違いって何？　そんなことを思いながら涙目の新しい友達と一緒に歩いた。」(松本春野さん：2014年11月2日)

　　　　＊　　＊　　＊

「日本人の自分がきゃわチョゴリを着用して、生まれ育った街でパレードを歩く「違和感」について、私は一週間悩んでOKの返事をした。着てみたい！とゆう好奇心と、作者のそんいさんの気持ちと、未来への想いが、やっと重なった気がしたから。たぶん着た人も着なかった人も、それぞれ考えたことかと。」(フサエさん：2014年11月2日)

　朝鮮人が文化を奪われた悲しい歴史的背景を見つめずして日本人がチョゴリを着ること。

　それが許せないというコリアンたちの思いがある。私のオモニがそうであったように。

　また、それが分かるからこそ着ることは遠慮したいという日本人の思いがある。

　そして、そこを飛び越えてしまおう、「かわいい」のパワーで、という思いもある

　私自身は日本の人たちにもチョゴリを着てもらいたい、楽しんでもらいたいと思いながら作っている。それによってチョゴリが新しい価値を持つようにも思えるからだ。

　でもそれにはまず、チョゴリにつながっている色んな錘を外さなくちゃいけない。

　チョゴリを時代と生活スタイルに合わせた着やすいデザインに創りあげることで。

　チョゴリを「着せられるもの」から解放することで。

　コリアンの女の子たちが「危険」に怯えることなくチョゴリを着て歩ける世の中を作ることで。

　そのためにも、もっとたくさんの人に知ってもらいたいし、触れてみてもらいたい。

　オモニやハルモニたちが乗り越えて来た悲しみが。

　熊本の女の子の葛藤が。

第7章　きゃわチョゴリを着て、明日へ　089

鶴橋の友人の気概が。

ソニやKAYAさんの、また春野ちゃんやふさえさんの「チョゴリを着たい」という願いが。

そして多くの人たちが抱く多様性を喜び合う気持ちが。

たくさんたくさん集まることで、チョゴリの錘を外す力になるだろう。

今、私はいろんな人の思いに後押しされるようにきゃわチョゴリを作り続けている。

いろんなことを考えてみるために、きゃわチョゴリが生まれたという気がしている。

着てみることが考えるきっかけになったり、コリアンが文化を取り戻す手助けの一つになったりするかもしれない。

きゃわチョゴリについて一緒に考えたり、さらに成長させていく過程で、互いに認め合い、違いを喜び合い、文化を共有することにならないだろうか。なればいいな

そんな日が来るのが10年先か、20年先か、もっとずっと先の話になるのかもしれない。

教え子に言われた言葉がよみがえる。

「ぼく、タイムマシンが欲しい。タイムマシンがあれば今すぐソンセンニムを助けに行くのに」

きゃわチョゴリはきっとタイムマシンになれる。

悲しい過去には戻れないけれど、未来へ飛ぶタイムマシンになれる。

きゃわチョゴリ隊が体現したものは、誰もが好きなものを好きなように着られる「時代」だ。

誰もが自由をまとう「明日」の姿だ。

きゃわチョゴリ隊はチョゴリを「軽々しく」着たんじゃなくて、「軽やかに」着たのだと、私は思う。

いろんな錘を取っ払ってしまって、「可愛い！」「おしゃれ！」「楽しい！」という思いで繋がることに成功したのだと思う。

きゃわチョゴリ隊が歩いた「遠い明日」にたどり着くまで、あと何年かかるだろう。

その日までみんなを引っ張っていくのも私の仕事だ。

梅雨の晴れ間のランウェイを全力疾走したその勢いのままに、私は走っていく。

チョゴリを軽やかに着る、その日を目指して。

## あとがき

　あいかわらず私の元へはいろんな注文が舞い込んでくる。
　商売人としてはありがたい限りである。

　2015年の秋の始め。
　Ｙオンニという女性から生地を預かった。
　薄い紫色に牡丹の柄がプリントされた韓国製の깨끼（オーガンジー）だった。
「10月に誕生日を迎えます。記念写真を撮るために新しい衣装が欲しいので、そんいちゃんに縫ってもらいたいの。
　でも紫色だと顔色が悪く見えそうでしょう？少し工夫してもらえますか？」
という依頼だった。
　私は、お安い御用ですよと安請け合いして生地をお預かりしたのだった。

　Ｙオンニとの楽しい会話を経てデザインが決まった。
　ノースリーブのワンピース。
　胸元をチョゴリ風の合わせにして、ベルトをコルム型に結ぶデザイン。
「新しい時代を感じさせるデザインを」と頼まれたのが嬉しくてワクワクしながらデザインした。
　そしていよいよ縫いはじめようとした時、私は手を止めてしまった。
　その日彼女から届いたメールを読んで、安請け合いした自分を恥じたからだった。

「……じつは重い病気にかかっています。病による痛みと、もう長くはないかもしれないという不安とで押しつぶされそうになりながら日々を過ごしています。今年のお誕生日の撮影が最後の写真になるかもしれないと思っています。……
　その撮影に、そんいのチョゴリを着て臨みます。」

　私はその時初めて「紫色だと顔色が悪く見えそう」と言った彼女の言葉の真意に気づいた。

　私にはあまりにも重い現実だった。
　1人の人間が死を身近に感じながら、今在る自分を表現しようとしている。
　その表現の1つとして、きゃわチョゴリを着たがっている。
　私には、それに見合うだけの仕事が出来る自信

が無かった。

何日もミシンを踏めない日が続いた。
私はお預かりした生地を眺め、広げてはたたみ広げてはたたみを繰り返していた。
そのたび、ラメでプリントされた牡丹の柄がキラキラときらめいた。そのきらめきが私の手からするすると零れ落ちていくようだった。

私には縫えない。お断りするしかないかもしれない。
と、弱気な自分。

信じて任せてくださったんだ。がっかりさせてはいけない。
と、励ます自分。

夜も眠れず酒量ばかりが増えていった。

私はＹオンニからもらったメールを読み返してみた。
最初の問い合わせメールから、病気の告白についてまで。１通１通を噛みしめるように読み返した。

「ただひたすらに新しいものを創り出そうとしているそんいちゃんからパワーを貰っています。」
「そんいちゃんの服からは『可愛いものを着たい』『好きなものを着たい』という純粋な思いが

伝わってきます。」
「私自身の生きてきた証、在日コリアンとして、一人の女性として、４人の子どもたちのオンマとして、一所懸命に生きてきたことを表現するためにチョゴリを着たいと思っています。それも古い価値観にとらわれない新しいもの、次の時代を見つめさせるものを着たいと思って、そんいちゃんにお願いすることにしました。」

読み返してみるとどの言葉にもオンニの「生」への思いがちりばめられていた。

過去。
現在。
そして未来へと紡ぎ、纏う思い。

メールをと見返した後、私はアトリエで１人泣いた。
それから鋏を取った。
もう迷う暇など残っていなかった。
彼女の思いに応えたい。
美しい服を作って届けたい。
１日も早く。

それから１週間ばかり、家事育児の時間以外はまるっきりアトリエにこもって過ごした。
仮縫いしてバランスを見て気に入らなくて解き、３歩進んで２歩下がるという繰り返し。
それでもあきらめようとは思わなかった。

紫色の生地に広がる牡丹の花のきらめきを１つもこぼすまいと必死だった。

　そうして、約束の納品日を少しすぎてしまってから、衣装は出来上がった。

　ノースリーブのワンピース。
　紫色の生地の上で輝く白牡丹。
　顔色を明るく見せるために裏地の色合いをわずかに明るくした。
　胸元のドレープに、ふっくらと広がるチマ。
　腰をきゅっと細く仕上げるコルム型ベルト。

　生きることの美しさを表現するＹオンニのための、特別なデザインに仕上げた。

　納品を済ませた後、気づいてみると少し痩せていた。
　身も心もハードだったためだろう。
　それでも満ち足りた気持ちだった。

　後日、オンニから着用写真を添えたメールが届いた。
　無事に撮影が終わったとのこと。
　可愛い衣装で気分が明るくなったとのこと。
　それから、本格的に治療を始めるとのこと。
　きっと辛い闘病の日々になるだろうけれども、決して負けない。生き抜きたい。という強い言葉。

　私はＹオンニの言葉を１文字１文字丁寧に読んだ。
　そして簡単な返信を送った。

「次のお誕生日にも、また次のお誕生日にも、新しい服を縫わせてください。またのご注文をお待ちしております。」

　後日談となるが、今もオンニは闘病の日々を送っている。漏れ聞く話では病状は少しずつ快方に向かっており、体力も回復しているとのことだった。
　リピートのご注文を頂く日も近いかもしれない。そうなってほしいと祈っている。

　生と死のはざまでなおチョゴリを求める。
　チョゴリを着ることで自らの生の証を美しく強く表現する。
　私は服を作って届けることしかしなかったが、Ｙオンニの表現のお手伝いが出来たようだ。と、同時に彼女から強いメッセージを受け取った。未来に向けた力強いメッセージを。

　たかが衣服だ。
　しかしそれは、着る人の体と心を包み込み、明日へと羽ばたかせる翼にもなりえる。

　これからも私のアトリエには様々な思いのこもったオーダーが舞い込むだろう。

あとがき　093

その都度、迷って悩んで泣いて笑ってジタバタする日を繰り返しながらも、ミシンの針は進んでいくことだろう。

　あなたの
　あなたの
　あなたの
　翼になるチョゴリを作りたい。

　今日も私は誰かの翼を縫うためにミシンを踏む。

　　2016年5月
　　　　　　　そんい・じゅごん

＊イラスト　そんい・じゅごん
＊25、26、38、48、51頁の写真は著者提供

**そんい・じゅごん**
1981年生まれ。三重県出身の在日コリアン3世。カジュアルなチョゴリ（韓服／朝鮮服）を提案するブランド「そんいチョゴリ（성이한복）」のデザイナー。本書が初の著作。「なんでもない日を楽しく彩る服」をテーマにチョゴリを制作している。そんいチョゴリの韓服は普段着として気軽に着られるものが多く、「きゃわチョゴリ」の愛称でも親しまれている。

**早瀬道生**（はやせ・みちお）
1992年生まれ。京都府出身。京都造形大学大学院生。グループ展「リサーチ☆パラダイス 〜潜水と浮上〜」(2013年)、個展「Something's always near」(2014年)、「なぜ、鉱物図鑑か」(2015年)、SEALDs KANSAIを撮った「The Distance」(2016年)を開催。

# きゃわチョゴリ
──軽やかにまとう自由

2016年6月10日　初版第1刷発行

著　者　そんい・じゅごん
写　真　早瀬道生
発行者　工藤秀之
発行所　株式会社トランスビュー
　　　　〒103-0013
　　　　東京都中央区日本橋人形町2-30-6
　　　　TEL 03-3664-7334
　　　　http://transview.co.jp

装　丁　濱崎実幸
印刷製本　モリモト印刷株式会社

©2016 Sung-I Jyugon Printed in Japan
ISBN978-4-7987-0161-5 C0036